# 기후지구공학적 사업의
# 관리 규범 제정에 관한 국제 동향

## 런던의정서를 중심으로

## 국립중앙도서관 출판시도서목록(CIP)

기후지구공학적 사업의 관리 규범 제정에 관한 국제 동향 : 런던의
정서를 중심으로 = Global Governance of Climate Geo-Engineering
and London Protocol / 엮은이: 홍기훈. -- 서울 : 오름, 2011
(해로연구총서 ; 2)

색인수록
ISBN  978-89-7778-356-0 93340

해양 오염[海洋汚染]

539.93-KDC5
628.168-DDC21                          CIP2011002450

해로연구총서 ②

# 기후지구공학적 사업의
# 관리 규범 제정에 관한 국제 동향
## 런던의정서를 중심으로

홍기훈 편

연세대학교 동서문제연구원 · 도서출판 오름

# Global Governance of Climate Geo-Engineering and London Protocol

Edited by
Gi Hoon Hong

Institute of East & West Studies, Yonsei University
ORUEM Publishinig House
2011

## 서문

　20세기 초반 인위적인 토지 이용과 화석연료의 연소에 의한 이산화탄소의 대기 배출로 인하여 지구기후가 변화하게 된다는 사실의 과학적 발견은 인류사회에 이산화탄소 배출을 감축시켜야 한다는 당위성을 제공하였다. 경제적 동인을 포함한 1992년 유엔기후변화협약이 체결된 이후, 세계 도처에서는 동 감축 이외에 인위적으로 지구기후를 제어하고자 하는 공학적 방안들이 선진국을 중심으로 2000년대에 출현하였다.

　기후지구공학은 대규모로 지구의 일부를 개조하는 작업으로서 공간적으로 일 국가의 관할범위를 넘을 가능성이 매우 높다. 특히, 지난 2009년 코펜하겐에서 개최된 유엔기후변화협약 제15차 회의에서 교토의정서 공약기간이 끝나는 2012년 후 post-Kyoto의 온실가스배출 감축계획이 법적으로 구속력 있는 방안으로 합의되지 못하고, 각국 정부는 여전히 선언적인 조치에만 합의함으로써, 이에 실망한 일부 선진국 정부나 개인들이, 그간 이론적으로 연구하여 오던 기후지구공학적 방안을 현장에서 시험하려는 시도가 속속 등장하고 있다.

한편, 폐기물 및 기타물질의 해양에 대한 처분을 다루는 국제조약인 폐기물 및 기타 물질의 투기에 의한 해양오염방지에 관한 1972년 협약(런던협약)의 1996년 의정서(런던의정서)가 지난 2006년 3월에 발효되었고, 우리 정부는 동 의정서에 2009년 1월 가입하였다.

동 의정서는 모든 오염원으로부터 해양환경을 보호하고 보전하려는 목표를 가지고 있다. 런던의정서는 발효 직후부터 기후관련 지구공학적 방안의 국제적 관리규범을 발전시켜 왔다. 즉, 지구공학적 방안 중 기술안전성이 확보된 해저지질구조에 폐(廢)이산화탄소 스트림을 격리하는 사업(Carbon Capture and Storage, CCS)은 런던의정서를 2006년 11월에 개정하여 허용하였고, 2007년에 동 사업에 대한 평가 지침서를 채택하여 국제적으로 투명하고 효과적인 관리 체제를 구축하였다. 또한 해양 CCS 사업에는 적정 부지의 선정에 많은 시간과 비용이 소요되고, 나라마다 적정부지를 보유하지 못할 수도 있으므로, 적정 부지를 복수의 국가들이 공동으로 사용하려는 국가들의 희망을 반영하여 2009년 10월에는 동 의정서 해양 처분을 금지하는 본문 6조를 개정하여 폐 이산화탄소를 해저지질구조격리목적으로 타국가에 수출할 수 있도록 하였다

2007년부터는 해역에 식물의 영양물질을 살포하여 식물의 광합성을 촉진하여 대기 중 이산화탄소를 제거하려는 해양시비(海洋施肥, Ocean Fertilization) 사업 제안에 대한 검토에 착수하였다. 이 의정서는 2007년 5월에 대규모 해양시비사업에 대한 우려 성명서(Statement of Concern)를 발표한 후, 2008년 10월에는 해양시비를 포함하는 합법적 과학연구사업에 한정하여 허용하고, 그 밖의 목적을 가지는 사업은 금지하는 결의를 채택하였고, 동 사업을 심사할 평가체제를 2010년 10월에 또한 채택하였다. 그리고 해양시비사업에 대하여 법적으로 구속력 있는 방안 채택을 위해 수 차례 협의를 진행하고 있다.

지구 전체 규모로 개입하려는 지구공학적 사업 제안은 기왕에 점차

강화되어가는 다자간환경협정 준수 제고 메커니즘이 새로운 전기를 맞을 것으로 전망된다. 런던의정서는 최근 준수그룹이 설립되어 본격적인 활동에 돌입하였다.

기후지구공학 사업들에 대한 국제적으로 투명하고 효과적인 관리메커니즘 개발은 런던의정서 이외에도 생물다양성협약에서도 진행되고 있고, 이들 개별 조약들에서의 성과는 유엔총회로 이관되어 전 지구적인 관심사로 대두되고 있다.

이러한 시점에서 지난 2010년 12월 13일 한국해로연구회와 한국해양연구원 공동 주관으로 이산화탄소폐기물을 해저지질구조에 투입하여 대기로부터 영구히 격리하는 행위와 해양에 비료를 살포하여 대기 중 이산화탄소를 해양으로 격리하는 해양시비 행위를 중심으로 "해양투기방지를 위한 런던의정서 체제의 기후지구공학 관리규범의 발전동향 분석 전문가 토론회"가 국토해양부의 후원으로 개최되었다.

이 책은 이 토론회에서 발표되고 논의된 내용을 정리하여, 관련 정부, 산업계, 학계에서 기후지구공학사업의 관리에 관한 참고 자료로 사용하고자 출판을 하게 되었다. 또한 상기 토론회에서 참여자들의 사안별 분석 내용을 향후 참고 목적으로 녹취하여 여기에 수록하였다.

2011년 6월
홍기훈

# 차례

제1장

# 런던의정서의 기후지구공학적
# 사업 관리 규범 개발 동향 분석*

홍기훈 │ 한국해양연구원 · 연합과학기술대학원

## I. 서론

인간 문명의 발달은 공학적 발달이라고도 할 수 있다. 과학적 원리를 응용하여 사물을 제어하는 방안을 연구하거나 이를 통해 확보한 기술적 디자인을 시행하는 행위를 공학(engineering)이라고 한다. 그리고 도시의 하수를 모아서 처리하여 시민 건강을 보장하는 것과 같이 사회와 주위 환경을 연결하는 기술을 연구하고 적용하는 행위를 환경공학(environmental engineering)이라고 한다. 그리고 지상과 지하에 터널을 파고, 광물자원을 채굴하기 위해 갱도를 건설하고, 방사성 폐기

---

* 이 연구는 한국해양연구원(PMS198E)에서 일부 지원되었습니다.

물을 저장하기 위한 지하 저장고를 건설하는 등 지구를 대상으로 지질 구조를 설계하고 시공하는 행위를 지구공학(geoengineering)이라고 한다. 그리고 주어진 조건에 적응하여 스스로 조직(self organize) 적응하는 생태계의 능력을 연구하고 이를 실제적으로 적용하는 행위를 생태공학(ecological engineering)이라고 한다.[1] 그러므로 지표면을 개간하여 농토를 조성하고, 여기에 비료 성분을 살포하여 곡물을 재배하는 농업(agriculture)도 넓은 의미에서는 지구공학에 해당된다. 지구를 대상으로 하는 지구공학은 인류에게 지속적인 성장 기반을 제공해 왔다. 본 소고에서 살펴 보고자 하는 기후지구공학의 가장 가까운 예로서는 인공강우사업(cloud seeding)이 있다. 인공강우사업은 하늘에 구름이 존재함에도 불구하고 응결핵이 부족하여 구름이 빗방울로 성장하지 못하는 경우에 염화칼슘, 요오드화인, 액체 질소를 살포하여 비를 내리게 하는 활동이다.[2]

기후지구공학적 사업은 이산화탄소 해저지질구조격리사업처럼 과학·기술적으로 성숙하여 그로 인한 환경 영향을 제어하면서 시행이

---

1) 생태공학의 예는 미국 Texas의 항구도시 Port Aransas에서 잘 볼 수 있다. 1954년 그 도시 외곽의 한 바닷가 마을의 경우 여름 관광객의 방문으로 주민 총 수는 500명으로 늘어났다. 1차와 2차 처리장치를 갖춘 하수처리장은 영양물질이 많은 방류수를 평평한 모래사장에 배출하도록 하였다. 배출구 주변에는 방류수 배출로 작은 연못과 담수 습지가 생겨났고 여기에 염수에 적응하는 식물이 서식하기 시작했다. 2000년에 가서는 주민 숫자는 5,000명으로 늘어났고 주민 숫자의 수배에 달하는 관광객이 또한 여름에 몰려들었다. 이 배수구 습지는 저절로 확장되었고, 악어, 거북, 물새들 야생동물이 모여 들었다. 이제 이곳은 판자로 길과 전망대를 갖춘 오도번 야생동물 보호구(Audubon Wildlife sanctuary)로 지정되었다. 즉, 하수의 3차 처리는 자연생태계가 담당하도록 유도함으로써 비용을 절약하고, 생물서식지를 조성하여 인간과 자연 둘 다 대규모 편익을 얻고 있다. H. T. Odum, B. Odum, "Concepts and methods of ecological engineering," *Ecological Engineering*, Vol.20(2003), pp.339-361.
2) 우리나라에서도 2010년 5월 23일 기상청에서 인천의 상공 500m에 20분간 물질을 주입하여 평택안성지역에 1~2mm의 비를 내리게 하였다. 기상청은 인공강우로 황사 등 대기 분진을 씻어 내리는(washout) 목적 사업을 구상하고 있는 것으로 언론에 보고되었다(『서울신문』, 2010년 5월 24일자).

가능한 방안부터 200마일×200마일 이상의 대규모 해역에 비료를 살포하는 해양시비, 우주 공간에 거울을 설치하는 기후지구공학적 방안들은 그 규모와 그 대상공간이 일국(一國)이나 지역국가들의 관할권을 넘어서 전 세계적으로 영향을 미칠 수 있다. 기후는 지구전체적인 현상이기 때문에, 지구공학적 방안의 적용은 시행국가뿐만 아니라 지구상의 거의 모든 국가에 영향을 미칠 개연성이 매우 높은 것이 기후지구공학의 내재적인 특징이다.

한편 모든 오염원으로부터 해양환경을 보호하려는 목적을 지닌 1972년 폐기물 및 기타 물질의 투기에 의한 해양오염 방지에 관한 협약의 1996년 의정서(런던의정서) 당사국회의는 동 의정서가 발효한 2006년 11월에 인위적 기후변화를 완화하거나 상쇄하기 위해 육상에서 발생한 이산화탄소를 해저지질구조에 격리하는 사업을 허용하도록 의정서를 개정하였다. 그리고 이 목적으로 폐(廢) 이산화탄소를 수출하는 것을 허용하도록 2009년 10월에 또한 개정하였다

해역에 물질을 투입하거나 물 흐름을 바꾸는 장치를 이용하여 인위적으로 식물플랑크톤 생산을 높이는 해양시비행위를 통해 일부 국가의 회사가 대기 중의 이산화탄소를 심해로 이동시키는 대가로 탄소배출권이나 탄소배출 상쇄권을 확보하려는 시도가 구체화될 조짐이 있었다. 이러한 움직임에 대응하여 동 런던의정서 당사국회의는 대규모 해양시비사업 시행에 따른 환경적 악영향을 우려하는 "우려의 성명서"를 2007년 6월 발표하고, 2008년 10월에는 이 해양시비행위를 런던의정서의 범위에 속하는 것으로 결의하여, 순수 과학적 연구목적의 사업만 허용하고 그 밖의 목적을 가진 행위는 금지하였다. 동 당사국회의는 해양시비를 포함하는 합법적 과학연구사업을 구속력 있게 규율 하는 방안을 2011년이나 2012년에 채택하기 위해 신중히 검토하고 있다.

해양을 보호 및 보전 대상으로 보는 시각과 자원으로 보아 효과적으로 관리하려는 두 가지 시각이 정치적, 지리적, 경제적 차원에서 형성되어 왔다. 전자는 런던의정서와 생물다양성협약으로 대표되고 후자

는 수산관련 조약들이 이에 해당되며, 유엔해양법은 이러한 두 가지 시각을 모두 포함하고 있다. 그런데 기후지구공학을 둘러싸고 이 두 가지 시각이 현재 충돌하는 양상을 보이고 있다. 따라서 본 소고에서는 해양시비 등과 같이 기후공학적 방안이 해양환경에 악영향을 미칠 가능성이 높고, 그에 대한 과학적 지식이 그 잠재적 영향을 평가하기에 부족한 상황에서 이들을 규율하려는 런던의정서의 법적 특성과 당사국회의 논의 동향을 분석하고자 한다.

## II. 기후지구공학

### 1. 개요

인위적으로 초래되는 기후변화에 대응하는 방안은 (1) 인위적 기후변화 요인을 제거하고 (예, 온실가스 배출의 감축이나 금지), (2) 변경된 기후에 적응하는 방안, (3) 기후계의 변화에 공학적으로 개입하여 기후를 원래 상태로 복구하는 지구공학적 방안의 세 가지 방법이 있다. 그 중에서, 기후지구공학적 제안들은 20세기 초부터 제기되었다. 1908년 스웨덴의 아레니우스(Arrehnius)는 석탄 등 화석연료를 연소하여 이산화탄소를 대기로 배출하면 빙하기의 도래를 막을 수 있을 것이라고 제안하였다.[3] 그리고 미국의 브로커(Broecker)는 1985년에 지구가 태양계의 다른 행성에 비해 사람이 살 수 있도록 환경이 조성된 과학적 사실을 일반인이 이해할 수 있도록 『사람이 살수 있는 지구행성

---

3) http://www.aip.org/history/climate/index.htm 참조.

만들기 (*How to Build a Habitable Planet*)』[4]란 책자를 출판하여 지구의 기후에 대한 이해의 폭을 넓히는 데 크게 기여하였다. 그는 또한 2008 년에 『기후 조정하기(*Fixing Climate: What past climate changes reveal about the current threat—and how to counter it*)』란 저서에서 대기 중의 이산화탄소를 흡수하는 장치를 지원하기도 하였다.[5]

기후지구공학의 범주는 국제적으로 규정되어 있거나 합의되어 있지 않지만, 대기 중 온실가스인 이산화탄소를 제거하여 기온을 낮추려는 방안(carbon dioxide removal method, CDR)과 태양으로부터 지구로 들어오는 빛을 감축하여 기온을 낮추려는 방안(solar radiation management, SRM)의 2가지로 대별될 수 있다.[6] 전자에는 대표적으로 대규모 식목(植木), 이산화탄소 흡착장치(人造木)의 설치, 해양시비, 탄산염 암이나 규산염 암에 대기 중 이산화탄소를 접촉(강제풍화)시키는 법 등이 있다. 그리고 후자에는 성층권에 에어로졸을 살포하여 태양광 일부를 우주로 반사시켜 지구로 오는 태양광을 줄여 기온을 낮추는 방법, 지구표면을 흰색으로 칠하여 태양광을 반사시켜 기온증가를 막는 법, 해수를 낮은 구름에 살포하여 구름을 더 빛나게 하여 입사되는 태양광의 일부를 우주로 반사시켜 기온을 낮추는 방법, 우주에 거울을 설치하여 지구로 오는 태양광 일부를 우주로 반사시켜 지구 기온을 낮추는 방법 등이 제안되고 있다. 그러나 이러한 방안들은 개념이 개발되고 있는 상태로서 실제로 현장에서 시행되고 있지는 않다.

---

4) W. S. Broecker, *How to Build a Habitable Planet* (NY: Eldigio Press, 1985).
5) W. S. Broecker, R. Kunzig, *Fixing Climate: What Past Climate Changes Reveal about the Current Threat—And How to Counter It* (Hill and Wang, 2008).
6) The Royal Society, *Geoengineering the Climate: Science, Governance, and Uncertainty* (September 2009), p.98.

## 2. 기후지구공학의 등장

지구의 일부분을 특정 목적을 위해 개조하고자 하려는 노력은 인류 역사와 함께 시작되었다고 볼 수 있다. 그러나 지난 2009년 코펜하겐에서 열린 유엔기후변화협약 제15차 총회(COP 15)에서 당사국들은 2012년에 종료되는 교토의정서 의무기간[7] 이후의 배출량 감축과 강제방안에 관하여 합의를 도출하는 데 실패하였다.[8]

이러한 회의 성과에 실망한 일부 국가들과 기관, 개인들이 독자적으로 기후지구공학방안을 심각하게 고려하였다. 개인 중에서는 세계 최대 부자이고 자선사업가인 빌 게이츠도 포함되어 있다. 게이츠는 태양에너지를 반사시키는 장치를 우주에 설치하거나, 대기로부터 이산화탄소를 제거하는 장치, 해상 구름을 더 희게 만드는 등의 기후변화 완화기술 개발에 2007년부터 현재까지 4.5백만 불을 투입하였다. 그는 또한 기후지구공학연구자 모임을 지원하고, 기후지구공학전문회사(Intellectual Ventures, Seattle, WA 소재)에 상당한 자금을 투자하고 있으며, 2008년에는 해양의 표면수와 심층수를 혼합하는 방법으로 태풍(허리케인)을 잡는 기술 특허를 신청하기도 했다. 그는 과학과 기술진보는 새로운 에너지원 개발을 포함하여 우리 인류가 이전에 당면하지 않았던 새롭고 크고 복잡한 문제를 해결하도록 가능하게 하는 도구이며, 지구공학도 이에 속한다고 말하였다.[9]

---

7) Kyoto Protocol, Article 3.1. 2008-2012년 기간에 1990년 배출량의 최소 5%를 감축하기로 함.
8) COP 제15차 회의는 기온 상승을 산업혁명 이전보다 2℃ 이하로 유지하기로 합의(Copenhagen Accord, FCCC/CP/2009/11/Add.1)하고, 이산화탄소 배출을 각국별로 감축량을 정하도록 총 139개국이 합의하였다. 여기서 우리나라는 2020년에 business as usual 경우의 30%를 감축한다고 사무국에 제출함.
9) E. Kintisch, "Bill Gates funding geoengineering research," *Science Insider* (January 20, 2010).

## 3. 해양에 위험을 미칠 수 있는 기후지구공학적 제안의 종류

런던의정서 목적상, 기후지구공학을 (1) 물질을 투입·처분하는 행위와 (2) 시설이나 장치를 투입하는 행위로 구분하여 살펴 보면 〈표 1〉과 같다.

〈표 1〉 해양에 위험을 초래할 가능성이 있는 기후지구공학적 사업들
(2010년 10월까지 제안된 것)

| (1)물질 투입처분 | 런던의정서와의 관계 | CDR/SRM | 후보 장소 |
|---|---|---|---|
| (i) 이산화탄소 스트림의 해저지질구조격리처분 | 2006년 Annex 1 개정으로 허용 2009년 개정으로 수출입 허용 | CDR | 영해, 배타적 경제수역, 그 밖의 수역의 해저 |
| (ii) 해양시비-식물영양물질에 해당하는 철, 질소, 인 등 조제된 것이나 화산재 등 자연적인 것을 투입하여 기초생산을 높여 심해로 탄소를 이동시킴 | 2008년 결의로 런던의정서 범주에 속함. 합법적 과학적 연구만 허용하고 타 사업은 불허 합법적 과학적 연구사업계획 및 감시에 관한 평가체제개발 (2010) | CDR | 공해, 배타적 경제수역, 영해 |
| (iii) 곡물 잔재물을 퇴적물이 많이 쌓이는 하구 앞의 바다의 해저나 심해에 투입[10] | 의정서 부속서 1의 "천연기원유기물"에 해당 협약 부속서 1의 "비오염천연기원유기물"에 해당 | CDR | 배타적경제수역, 영해 |
| (iv) 칼슘산화물, 칼슘 수산화물, 탄산칼슘, 탄산나트륨을 해양에 투입하여 알칼리도를 높여 대기중의 이산화탄소를 흡수하게 함.[11] | | CDR | 영해, 배타적 경제수역, 공해 |

10) S. E. Strand, G. Benford, "Ocean sequestration of crop residue carbon: Recycling fossil fuel carbon back to deep sediments," *Environmental Science and Technology*, Vol.43(2009), pp.1000-1007.

11) L. D. D. Harvey, "Mitigating the atmospheric CO2 increase and ocean acidification by adding limestone powder to upwelling regions," *Journal of Geophysical Research*, Vol.113(2008), p.1-21; H. S. Kheshgi, "Sequestering atmospheric carbon dioxide by increasing ocean alkalinity," *Energy*, Vol.20, No.9(1995), pp.915-922; G. H. Rau, K. Caldeira, "Enhanced carbonate dissolution: A means of sequestering waste CO2 as ocean bicarbonate," *Energy Conservation and Management*, Vol.40(1999), pp.1803-1813.

| (1)물질 투입처분 | 런던의정서와의 관계 | CDR/SRM | 후보 장소 |
|---|---|---|---|
| (v) 하강수(downwelling water)에 이산화탄소 주입하여 심해에 고립 | $CO_2$ 직접주입은 환경악영향으로 이미 국제적으로 금지됨 (런던의정서에서도 금지됨) | CDR | 공해, 배타적 경제수역 |
| (vi) 해빙(海氷) 두껍게 얼려 하강수를 강화함(Formation of thicker sea ice)[12] | 물질투입을 포함하지 않음 | CDR | 공해 |
| (vii) bright water- 소기포(小氣泡)를 주입하여 해면(海面) 반사도(albedo)를 증가시킴[13] | | SRM | 공해, 배타적 경제수역, 영해 |
| (2) 장치 및 물체투입 | 런던의정서와의 관계 | CDR/SRM | 후보 장소 |
| (i) 파이프 설치 | 배치, 런던의정서 목적에 위배되지 않으면 합법 | CDR | 공해, 배타적 경제수역, 영해 |
| (ii) 해류 전향장치(물체) 설치 | 배치, 런던의정서 목적에 위배되지 않으면 합법 | CDR | 공해, 배타적 경제수역, 영해 |
| (iii) 해협에 댐(dam)을 설치하여 해류 조정 (지브롤터 해협, 베링 해협)[14] | 배치, 런던의정서 목적에 위배되지 않으면 합법 | CDR | 공해, 배타적 경제수역, 영해 |
| (3) 타 산업 | 런던의정서와의 관계 | CDR/SRM | 후보 장소 |
| (i) 해양 온도차 발전 (심층수는 高 영양 및 高이산화탄소임) | 배치, 런던의정서 목적에 위배되지 않으면 합법 | $CO_2$ removal or emission | 배타적 경제수역, 영해 |
| (ii) 해양온도차 발전 이외의 해양 심층수 인양 | 배치, 런던의정서 목적에 위배되지 않으면 합법 | $CO_2$ 배출 | 영해, 소규모 |
| (iii) 수산생산(fishery enhancement) 증가를 위한 물질투입이나 구조물설치 | 배치, 런던의정서 목적에 위배되지 않으면 합법 | CDR | 공해, 배타적 경제수역, 영해 |
| (iv) 海上雲白色化(cloud whitening) | 배치, 런던의정서 목적에 위배되지 않으면 합법 | SRM | 공해, 배타적 경제수역, 영해 |

---

12) S. Zhou, P. Flynn, "Geoengineering downwelling ocean currents: A cost assessment," *Climate Change*, Vol.71(2005), pp.203-220.

13) Asilomar Conference on Climate Intervention Technologies (LC 32/INF.4) (http://news.sciencemag.org/sciencenow/2010/03/could-tiny-bubbles-cool-the-plan.html).

14) 전게서 13.

## 4. 기후지구공학적 사업들에 대한 국제관리 원칙

런던의정서, 생물다양성협약 등 다자간환경협정에서는 현재까지 제
안된 기후지구공학적 방안들에 대하여 국제적으로 투명하고 효과적인
관리메커니즘(globally transparent and effective control and regulatory
mechanism on climate geo-engineering, GTERM)을 구축한 후에 현장
적용 시험을 허용하도록 각국 정부에 촉구하고 있다. 여기서 국제적으
로 투명하고 효과적인 관리 메커니즘이란 (1) 기후지구공학 사업계획
서를 국제적으로 합의한 위험평가 및 위험 관리를 포함한 평가체제에
의거하여 심사하고, (2) 사업 목적에 부합하고 그로 인한 환경영향이
수용할 만한 경우에 한해 당해 사업계획을 사전에 조건부로 허가하고,
(3) 당해 사업 시행 중 및 후에 당해 사업으로 인한 환경영향을 감시하
여 당해 사업이 허가 조건에 부합되게 시행되었는지를 판단하여 필요
한 경우 교정 조치를 취하고, (4) 이러한 행정 사항을 모두 국제기구에
적절한 시기에 통보하여 국제적 투명성을 보장하는 것이다. 이에는 또
한 (5) 사전에 당해 사업의 환경영향이 일국의 관할범위를 벗어날 가능
성이 존재하면 해당국에 통보하고, 동의를 얻는 제도가 포함된다. 한편
이러한 관리 메커니즘에는 무임승차자(free rider)를 규제하는 방안이
포함되어야 한다.[15] 이하에서는 이러한 전제하에서 런던의정서를 중심
으로 관리방안의 개발 동향을 살펴본다.

---

15) 백진현, "다자간환경협정의 준수문제," 『多者間環境協定의 遵守: 런던의정서를
   중심으로』(정인사, 백진현, 홍기훈 편집, 2006), pp.1-20; T. Kolari, *Promoting
   compliance with international agreements-An interdisciplinary approach with
   special focus on sanctions* (Department of Law, University of Joensuu, 2002),
   p.98.

# III. 지구기후공학에 대한 런던의정서의 논의동향

앞에서 논의한 바와 같이 런던의정서는 2006년에 발효된 이래, 기후지구공학적 활동을 국제적으로 관리하기 위한 방안들을 검토해 왔다. 런던의정서는 기후지구공학 활동 중 관련 경험이 축적되고, 그로 인한 환경 영향이 거의 확실하게 밝혀진 폐 이산화탄소의 해저지질구조에의 격리 사업을 규제 및 관리하기 위한 체제를 확립하였다. 또한 동 의정서는 관련 과학지식의 부족으로 인해 그로 인한 환경영향이 확실하게 파악되지 않은 해양시비 사업에 대해서는 해양환경보호차원에서 적극적으로 대응하고 있다.

## 1. 폐 이산화탄소의 해저지질구조 격리

### 1) 사업의 원리

폐 이산화탄소의 해저지질구조 격리 사업은 산업공정에서 발생한 폐(廢) 이산화탄소를 화학적으로 포집하여 적합한 해저 지질층에 입하고, 투입된 이산화탄소가 자연적인 지구화학적 과정을 통하여 탄산염 암으로 변형되도록 방치하여 영구적으로 대기와 해양으로부터 격리되도록 하는 것이다 (이는 통상적으로 carbon capture and storage, CCS)[16]로 불리고, 해저 지질층에 대한 격리사업은 여기서는 해양 CCS라 함). 해양 CCS 사업에 적합한 해저 지질층은 지하 800m보다 깊어서 이산화탄소

---

16) 석유 · 천연가스 광업계에서는 저장(storage)을, 런던의정서에서는 격리(sequestration)라는 용어를 각각 사용하고 있으나 과학적 개념으로 보면 격리가 올바른 표현이다. IPCC Bert Metz, Ogunlade Davidson, Heleen de Coninck, Manuela Loos and Leo Meyer, eds., *Special Report: Carbon dioxide capture and storage*(UK, Cambridge University Press, 2005), p.431.

를 초임계 상태로 주입할 수 있고, 또 다공성으로 염수가 충진되어 있고 덮개 암으로 보호된 염대수층이다.[17] 북해 유전에서 노르웨이 가스 채굴업체가 1996년부터 해상가스전에서 포집한 폐 이산화탄소를 해저 지질구조에 현재까지 계속 주입 처분하여 오고 있다.

### 2) 런던의정서 대응

런던의정서는 해저 지질층에 물질을 투입하거나 저장하는 것을 투기로 보기 때문에, 해저광업에서 발생한 폐기물이 아닌 경우에는 그의 투입을 금지하고 있었다.[18] 그러나 동 의정서는 2006년 10월에 의정서 제1부속서에 폐 이산화탄소를 투기 허용 물질로 추가하도록 개정하였다.[19] 이 런던의정서의 개정은 이산화탄소 배출량 감축을 대대적으로 시행하려는 영국, 노르웨이, 네덜란드 등 북유럽국가와 호주 그리고 육지에서 유사한 사업을 시행하고 있는 캐나다 등이 주도하였다. 그리고 동 사업의 환경위험 관리를 위해 런던의정서 제2 부속서에 기초하여 폐 이산화탄소 폐기물평가지침서를 개발하여 2007년에 채택하였다.[20] 이 부속서 개정으로 런던의정서 당사국에 대해서는 모두 이 개정 조항이 현재는 발효되었다. 또한 해양 CCS 사업에는 적정 부지의 선정에 많은 시간과 비용이 소요되고, 나라마다 적정부지를 보유하지 못할 수도 있으므로 규명된 적정 부지를 복수의 국가들이 공동으로 사용하려는 국가들의 희망을 반영하여 2009년에는 동 의정서 해양 처분을 금지하는 본문 6조를 개정하여 폐 이산화탄소를 해저지질구조 격리 목적으로 타

---

17) 홍기훈·김한준·박찬호, "이산화탄소 해저지질구조 격리: 기술현황과 제도 예비검토,"『한국해양환경공학회지』8 (2005), pp.203-212.
18) 런던의정서 제1.4.1.3조와 제1.4.3조.
19) Resolution LP.1(1) (2 November 2006) On the amendment to include CO2 sequestration in sub-seabed geological formations in Annex 1 to the London Protocol.
20) LC 29/17 (2007) Annex 4. Specific guidelines for assessment of carbon dioxide streams for disposal into sub-seabed geological formations.

국가에 수출할 수 있도록 하였다.[21] 이 개정문은 당사국 총수의 2/3가 수락서를 기탁한 후에 수락서를 기탁한 국가에 한하여 발효된다. 2010년 현재로서는 1개국이 수락서를 기탁한 상태이나 사업이 시행될 것으로 보이는 2020년경에는 상당수 국가들이 수락할 것으로 전망된다.

런던의정서 부속서는 개정안이 채택되고 100일이 지나면 모든 당사국에 적용되지만, 의정서 본문을 개정하는 경우에는 발효 요건이 충족되면 이를 수락한 국가에 한해서만 개정문이 발효하게 된다. 그러나 일단 의정서가 개정 되면 이는 당사국들이 언젠가는 수락해야 할 목표로 작용하기 때문에 소기의 목적을 달성하는 최소한의 방편이 될 것이다. 이에 관한 사례로는 1993년 11월에 런던협약 1972에서 1996년 1월 1일부터 산업폐기물을 금지하기로 부속서 1을 개정[22]하자 호주는 처음에 이를 거부하였으나, 자로사이트(jarosite) 광물 잔재물의 투기를 종료한 후 1997년 10월 26일에 당해 개정문을 수락한 바 있다. 또한 모든 방사성폐기물의 해양투기를 종료하기로 하는 1993년 11월 런던협약 부속서 1의 개정에 대해서 러시아는 처음에는 수락을 거부하였으나 방사성폐기물 처리시설을 완료한 후 2005년 5월 17일에 수락하였다.

## 2. 해양시비

### 1) 사업의 원리

해양에 서식하는 식물(주로 해표면에 떠서 사는 플랑크톤)은 육상 식물과 마찬가지로 영양물질이 존재하면 대기중의 이산화탄소를 햇빛 에너지를 흡수하여 고정한다. 즉 화학에너지로 전환한다. 이 광합성과

---

21) Resolution LP.3(4) On the amendment to Article 6 of the London Protocol (on 30 October 2009).

22) LC.49(16).

정에서 대기중의 이산화탄소는 해양으로 이동하게 된다. 해양의 식물 플랑크톤(고정된 탄소)은 육상식물과는 달리 또한 심해로 가라앉는다. 또한 심해수에는 영양물질이 표면수보다 더 많기 때문에 심해수가 표면으로 올라오는 용승(湧昇) 해역은 식물생산이 높다. 세계 해양은 해수 순환의 결과 남빙양 등 특정 해역에서 철 등 특정 영양물질이 결핍되어 식물플랑크톤이 제대로 성장하지 못한다. 이 해역에 결핍된 특정 영양물질을 투입하거나 인위적으로 심해수를 용승시켜 식물 성장을 촉진하려는 행위가 해양시비(ocean fertilization)이다.[23]

### 2) 런던의정서의 대응

이 해양시비사업은 특정 소규모 해역을 대상으로 해양식물플랑크톤의 생태학적 지식의 진보나 기후에서의 역할을 규명하려는 과학적 목적의 사업도 있으나, 대규모 해역 () 200해리 × 200해리)을 대상으로 탄소 크레딧이나 탄소 상쇄(carbon offset) 혹은 수산업 제고(fisheries enhancement)와 같은 경제적 이익을 추구하려는 사업들이 제안되고 있다. 해양에서 식물생산을 높이기 위해 비료를 살포하게 되면 대기 중 이산화탄소 고정 이외에도, 해역의 생물 종 조성 변화와 이로 인한 생태계 변화, 표면 하(表面 下) 해수의 용존 산소 고갈, 해수가 흘러가는 방향의 해역에서의 영양물질 고갈(nutrient robbing)로 인한 기존 어장 (漁場)의 소멸 등 부정적 환경영향이 출현할 수 있으나, 현재로서는 이러한 위험을 관리하기에 충분한 과학적 지식이 존재하지 않는다. 그런데 최근 수 개의 회사가 해양시비행위를 통하여 대기 중의 이산화탄소를 심해로 이동시키는 대가로 탄소 배출권이나 탄소 배출 상쇄권을 확보하려고 시도하였다. 이에 따라 런던의정서의 과학그룹회의는 대규모 해양시비사업 시행 시의 환경악영향을 우려하는 "우려성명서"를

---

23) 홍기훈 · 손효진 "해양철분시비사업의 국제관리체제예비분석,"『한국해양환경공학회지』 11 (2008), pp.138-149.

2007년 6월 발표하고, 이어서 2008년 10월에는 해양시비(海洋施肥) 행위를 런던의정서의 관할 범위에 포함시키기로 결의하였다.

또한 동 의정서는 당해 결의에서 순수한 과학적 연구 목적의 사업에 한하여 이를 런던의정서 목적에 위배되지 않는 배치행위(placement)로 허용하기로 하고 그 밖의 목적을 가진 행위는 금지하기로 하였다. 그리고 런던의정서는 제안된 사업이 합법적인 과학적 연구목적사업인지를 심사하기 위한 평가체제(Assessment Framework for Scientific Research Involving Ocean Fertilization)를 2010년 10월에 채택하였다. 이 결의는 법적 구속력이 없는 단순 결의(simple resolution)이다. 따라서 남빙양, 동적도 태평양 등 해양시비가 실제로 시행될 가능성이 높은 해역에 인접한 국가들은 이에 대해 법적 구속력이 있는 조치를 강력히 희망하고 있다. 이에 따라 동 당사국회의는 해양시비를 포함한 합법적 과학연구 사업을 규율하는 방안을 2011년이나 2012년에 채택할 예정으로 심각하게 검토하고 있다

### 3) 해양시비 규제에 관한 2008년 결의서

런던의정서/협약 당사국회의는 2008년 10월 해양시비활동을 규제하는 결의서를 채택하였다.[24] 이 결의서의 내용은 해양시비사업은 런던의정서/협약의 관할 범위에 속하고, 해양시비를 포함한 합법적인 과학연구사업(legitimate scientific research involving ocean fertilization)은 동 의정서/런던협약상의 배치(placement)에 속하며, 동 과학연구사업은 런던의정서/협약이 향후 개발할 평가체제(AFOF)를 통하여 심사하여 수용할 수 있다고 판단된 경우에만 합법적인 것으로 인정하여 허용한다. 또 현재의 관련 과학지식의 제한을 고려하여, 그 이외의 사업은 의정서/협약의 목적에 위배되고, 투기 규정의 예외 조항에 해당되지

---

24) Resolution LC-LP.1 (2008) On the regulation of ocean fertilization (31 October 2008).

않기 때문에 허용하지 않기로 합의한다. 한편, 2008년 생물다양성협약 (CBD) 당사국회의[25]에서 "사전 방지 원칙에 의거, 모든 해양시비활동이, 이 활동에 연관된 위험평가를 포함한 적절한 과학적 근거가 존재하고, 이 활동에 대한 국제적으로 투명하고 효과적인 관리메커니즘이 수립될 때까지는, 연안해역에서의 소규모 과학적 연구사업을 제외하고는, 모든 당사국과 타 정부는 해양시비사업이 시행되지 않도록 요청하는" 모라토리엄 결의를 하였다.

런던의정서가 결의를 통해, 해양시비는 런던의정서의 범위에 속하고, 합법적 과학연구는 배치에 속한다고 선언한 것은 런던의정서의 범위와 배치(placement)에 대한 새로운 해석이다. 현재 의정서에서는 배치에 대하여서는 관리하기 위한 구체적인 조문이 없기 때문에 해양시비를 규제하는 방법이 새로운 과제가 되었다. 이와는 별도로 이 결의서는 법적 구속력의 부재로 무임승차자(free rider)를 규제할 수 없기 때문에 법적 구속력 있는 방안을 논의하고 있다. 물론 법적 구속력이 없더라도 일단 채택된 이상 조약-유발 준수(treaty-induced compliance)를 강제하는 국제규범으로서는 작용될 것이나(Institutionalists or neo-liberalists), 실제 국제관계에서는 각 국가들의 행동을 강제할 권위가 존재하지 않기 때문에 이를 지키지 않을 것이라고 보는 견해(realists)가 해양시비 행위를 규제하고자 하는 국가들에게서 강하게 대두되었다.

### 4) 해양시비를 포함하는 과학연구사업 계획서 심사용 평가체제

해양시비를 포함하는 과학연구사업의 심사용 평가체제(AFOF)[26]는 2007년 7월의 런던의정서/협약 과학그룹회의에서의 대규모 해양시비사업계획에 대한 우려성명서(Statement of Concern)를 채택한 이후

---

25) Convention on Biological Diversity, COP 9, decision IX/16 on 30 May 2008.
26) Assessment Framework for Scientific Research Involving Ocean Fertilization (약칭, AFOF).

에 회기간 작업반과 서신반을 구성하여 논의를 시작하였고, 상기 2008년 10월 결의서 채택 후 이전의 초안을 중심으로 심도 있게 개발하여 2010년 10월 완성하여 채택하였고,[27] 동 작업은 런던의정서/협약의 대부분 국가들이 참여하는 회의의 최대 관심사였다. 또한 당사국들은 해양시비를 포함하는 연구와 유사하게 런던의정서/협약의 범주에 속하고, 해양환경에 해를 가할 잠재적인 활동들에 대하여 세계적으로 투명하고 효과적인 제어와 규제 메커니즘을 개발해 나가기로 하였다. 런던의정서에서 AFOF를 채택하는 회의가 열리는 시기에 생물다양성협약에서도 해양 시비를 포함한 기후지구공학적 사업들에 대한 규제를 일본 나고야에서 논의하고 있었기 때문에, 런던의정서 사무국은 CBD 사무국에 동 결의서와 AFOF를 통보하였다. 참고로 CBD의 당사국회의는 10월 11~29일까지 일본 나고야에서 개최되고, 동 회의에서는 해양시비를 포함한 모든 기후지구공학(climate geoengineering)에 대한 유예(moratorium) 결의가 추진되었으며, 그 규제 범위를 놓고 논의를 진행하였다.[28] 또한 같은 시기에 개최된 유엔해양법회의에서도 런던의정서에서의 AFOF의 채택을 주목하였다.

한편, 법적 구속력 있는 해석적 결의는, 만장일치와 다수결 채택간의 법적 효력에 대한 논란과 일부 국가들의 법적 구속력에 대한 반대가 혼재하여, 총의(consensus)를 의사결정을 주된 방식으로 하는 런던의정서/협약 합동회의에서는 해석적 결의의 채택이 어려울 것으로 예상된다. 따라서 의정서 당사국 위주로 2011년 6월 캐나다 회의에서 배치에 대한 규제를 새로이 개발하고, 그 결과를 2011년 10월 당사국회의에서 집중 심의하고, 2011년 말이나 2012년 초 당사국회의 6개월 전에 의정서 본문을 개정하는 개정안을 2012년 10월 당사국회의에 제출할 것

---

27) Resolution LC-LP.2 (2010) On the assessment framework for scientific research involving ocean fertilization (14 October 2010).
28) SBSTTA 14, Recommendation XIV/15.8(w) (10 to 21 May 2010).

으로 예상된다. 의정서 본문 개정은 회의 참가국의 2/3 찬성으로 투표로 채택되고, 수락국가에 한하여 수락 후 60일 이후에 효력이 발생된다. 일단 채택이 되면 효력발생 국가는 소수이나 국제규범을 수립하는 것으로서 향후 모든 국가들에 대해서 그리고 다른 관련 국제조약에도 영향을 미치게 될 것이다.

**5) 배치 행위로서의 해양시비를 포함하는 과학적 연구사업의 규제방안 논의**

2008년 결의서에 근거하여 법적 구속력 있는 방안으로는 "해석적 결의서", "배치"에 대한 신규 조항을 도입하거나 "별도의 해양시비 관련 조문"을 신설하는 방안이 제시되었다. 이 중 당사국 회의에서 가장 유력시되는 "배치"에 대한 신규 조항 도입을 제안한 캐나다 안[29]을 살펴본다. 캐나다는 2011년 6월 동안을 집중 심의할 작업반 회의를 개최하기로 되어 있다. 캐나다 안의 주요 내용은 런던의정서 제4조에 배치에 대한 허가를 발급하도록 개정하고, 제9조에 배치 허가 기록을 사무국에 보고하고, '부속서 4'를 새로 신설하여 배치를 허용할 수 있는 행위를 열거하며, '부속서 5'에 배치에 대한 평가체제를 신설하는 것이다. 당사국들은 이를 2012년에 도입할 예정이다. 참고로 일부 환경단체에서는 2012년 세계지속성장정상회의(Earth Summit, Rio + 20)에서 International Convention for the Evaluation of New Technologies (ICENT, 가칭) 조약을 제정하여 실험실에서 현장 상업적 시행까지를 추적할 수 있게 하려고 준비 중이다.[30]

---

29) LC 32/4/1 (2010) Discussion of an additional option to achieve the regulation of legitimate scientific research involving ocean fertilization under the London Protocol submitted by Canada.

30) ETC group (2010), Geopiracy, The case against geoengineering, p.56.

런던의정서 원문에 캐나다의 개정안을 합하면 (밑줄로 표기) 다음 표
와 같다.

〈표 2〉 런던의정서에 대한 캐나다의 개정안

| 조문 | 원문 |
|---|---|
| Article 4 | Dumping of wastes and other matter <u>and placement</u> |
| | 1.1 Contracting Parties shall prohibit the dumping of any wastes or other matter with the exception of those listed in annex 1. |
| | 1.2 The dumping of wastes or other matter listed in annex 1 shall require a permit. Contracting Parties shall adopt administrative or legislative measures to ensure that issuance of permits and permit conditions comply with provisions of annex 2. Particular attention shall be paid to opportunities to avoid dumping in favour of environmentally preferable alternatives. |
| | <u>1.3 Contracting Parties shall not allow [the] placement [of matter into the sea] for activities that are listed in annex 4, unless such activities area assessed and authorized under a permit.</u> |
| | <u>1.4 Matter placed for a purpose other than its mere disposal that is not contrary to the aims of the Protocol and that is not listed on annex 4 does not require a permit.</u> |
| | <u>1.5 Contracting Parties shall adopt administrative or legislative measures to ensure that the issuance of placement permits and permit conditions comply with provisions of annex 5 and any specialized assessment frameworks [guidance] developed for an activity in annex 4 pursuant to Article 1.4.2.2</u> |
| | 2 No provision of this Protocol shall be interpreted as preventing a Contracting Party form prohibiting, in so far as that Contracting Party is concerned, the dumping of wastes or other matter mentioned in annex 1. That Contracting Party shall notify the Organization of such matters. |
| Article 9 | 1 Each Contracting Party shall designate an appropriate authority or authorities to: |
| | .1 issue permits in accordance with this Protocol |
| | .2 keep records of the nature and quantities of all wastes or other matter for which dumping permits or placement on annex 4 permits have been issued and where practicable the quantities actually dumped or placed and location, time and method of dumping or placement; and |
| | .3 monitor individually, or in collaboration with other Contracting Parties and competent international organizations, the conditions of the sea for the purposes of this Protocol. |
| Annex 4 | <u>Placement activities requiring permits</u> |
| | <u>1 The following placement activities are those that may be considered for placement being mindful of the objectives and general obligations of this Protocol set out in articles 2 and 3:</u> |

| 조문 | 원문 |
|---|---|
| | .1 legitimate scientific research involving ocean fertilization which is defined as those proposals that have been assessed and found acceptable under the assessment framework. |
| Annex 5 | Assessment of placement activities[31) |

캐나다 대표단은 상기 안에 대하여 (1) 이 개정문은 이를 비준하는 국가에 한하여 법적으로 구속력이 있고, (2) 2008년 결의서상 LC와 불일치하지 않으나, LC상에서는 배치에 대한 허가 당국을 지정할 수 없고, 법적 구속력은 없으나, 여전히 2010년에 채택한 해양시비평가체제(OFAF)를 사용할 수 있고, (3) 이 개정문은 2008년 결의서에 근거한 투기와 배치의 구분에 근거한 것이고, (4) 이 개정문에서 "placement of matter" 대신 "placement"를 사용하면 물질을 투입하지 않는 해양시비 방안이나 기타 지구공학적 방안들을 규제하기 용이하며, (5) 제안사업계획을 평가하고, 사후 감시를 하고, 기구에 보고하게 함으로써 강제가 가능하고, (6) 모든 배치활동이 등재될 필요는 없고, 당사국회의에서 등재할 필요가 있다고 하는 것만 등재하며, (7) 일단 이 개정문이 수용된 이후에 새로운 배치활동이 부각되면, 부속서만 개정하게 되어 편리하게 되고, (8) 따라서 LP 미가입 국가들로서 가입에 따른 인센티브가 발생하고, (9) LC에서의 관리를 위해서는 simple 혹은 interpretative resolution이 별도로 필요하게 될 것이고, (10) 각 국가들은 자국내의 관련 규정에 이 개정문을 반영해야 한다고 추가적인 분석을 제공하였다.

현재 해양과학조사를 배치 행위로 이미 영국에서 규정하고 있는 점, 해양과학조사는 각 국가별로 허가 혹은 유사한 형태로 허가에 준하는 방식으로 관리하고 있는 점, 국제적으로도 공해나 민감 해역에서의 해양과학조사의 환경보전 의무 강화 추세에 비추어서 캐나다 안은 발전

---

31) Ocean Fertilization Assessment Framework (2010)에 의거 개발할 수 있을 것임.

적으로 검토할 필요가 있다고 본다.

## 3. 상업적 해양시비 사업의 동기 제공자로서의 유엔기후변화협약

해양은 1980~90년대의 인위적으로 배출된 이산화탄소 약 33%를 흡수하는 흡수원이다. 1992년 유엔기후변화협약(United Nations Framework Convention on Climate Change, UNFCCC)에서는 육상뿐만 아니라 해양 흡수원도 보호하고 강화하도록 요청하고 있다. 그러나 이의 구체적 이행조약인 1997년 교토의정서(Kyoto Protocol)에서는 해양을 언급하고 있지 않다. 교토의정서 초안을 작성하는 협상(negotiation)이 진행되던 1995년 당시 해양에 대한 탄소 관련정보가 적어도 협상자들에게는 별로 없었고, 또 자연적인 탄소 흡수원으로서의 해양의 역할을 이해하기는 너무 복잡하여 교토의정서에는 육상 흡수원(terrestrial sink)으로 식목(reforestation)만 포함하고 해양은 흡수원으로 포함되어 있지 않다.

그러나 유엔기후변화협약(1992)의 1997년 교토의정서는 온실가스의 거래를 통해 개별 국가가 자국의 감축 목표를 달성할 수 있도록 허용하고 있는 경제적 동인을 제공하였다.[32] 이로써 만들어진 탄소시장에서 주로 거래되는 것은 브라운-블랙 탄소이고, 청정개발체제(CDM)에서는 그린 카본에 대해서도 거래할 수 있도록 허용하고 있다. 또한 2009년 코펜하겐 기후변화협약회의에서 REDD + 사업[33]을 통하여 그린 카본을 육성하여 수익을 창출할 수 있는 구조를 만들었다. 그러므로 현재로서는 해양시비 행위로 탄소 크레딧이나 탄소 상쇄(carbon offset)를

---

32) 교토의정서 제3.1조, 제12조.
33) 개발도상국에서의 벌목과 삼림훼손부터 탄소 배출의 감축에 관한 유엔 합동 프로그램(United Nations collaborative initiative on Reducing Emissions from Deforestation and forest Degradation in developing countries, UN-REDD)" 참조.

얻을 수는 없다. 교토의정서의 규정은 2012년까지는 유효하고, 해양 흡수원은 이때까지는 포함되지 않을 것이다. 그리고 교토의정서에서는 carbon offset은 타국의 영토(territory)에 국한하고 있기 때문에 영해(領海, territorial waters) 바깥의 경우에는 해당될 수 없다. 그러나 이러한 시장기반 환경규제는 실제로 온실가스 배출을 감축하는 데 효과적이 아니고, 특정 상황에서 특정 주체에 경제적 이익이 돌아간다는 측면에서 회의적으로 보는 시각이 존재한다.[34]

해양시비사업으로 확보한 탄소 흡수량은 이러한 규제시장이 아닌, 임의탄소시장(voluntary carbon market)에서는 당해 시장의 규칙에 의거 거래될 수는 있을 것이다.[35] 실제로 해양시비사업 계획을 발표한 회사의 주식의 가격이 발표 당시에 올라간 사례가 있다.[36] 그리고 해양 흡수원을 post-Kyoto 합의에 포함시키려는 움직임이 있다. 왜냐하면, 2010년 현재는 기후에서의 해양의 역할에 대한 이해가 진전되었으므로, 자연 탄소 흡수원으로서의 해양의 보호(예, UNEP의 Blue Carbon[37])을

---

34) 예, MacKenzie D. (2009), Making things the same: gases, emission rights and the politics of carbon markets. Accounting, Organizations and Society 34, 440-455.

35) R. Sagarin, M. Dawson, D. Karl, A. Michael, B. Murray, M. Orbach(2009), Iron fertilization in the ocean for climate mitigation: legal, economic, and environmental challenges(http://www.whoi.edu/fileserver.do?id=27586&pt=2&p=28442).

36) 미국 소재 플랑크토스 사는 대규모 해양시비 사업의 발표로 주가가 3배로 증가하여 $1.32로 주식총액은 $100백만 불이 되었고, 이후에 감소하여 $0.57로 주식총액은 $12백만 불이 되었다 (http://rebelsoftheworld.blogspot.com/2008/01/iron-flakes-more-on-planktos-inc-and.html, 2011년 3월 방문).

37) 탄소는 그의 존재형태에 따라서 갈색(브라운, brown), 검정(블랙, black), 녹색(그린, green), 청색(블루, blue) 탄소라고 나뉘어 불리기도 한다. 즉, 브라운 카본 (brown carbon)은 화석연료, 바이오 연료, 목재연소 등 에너지나 산업부문에서 배출되는 가스 형태의 탄소이고, 블랙 카본(black carbon)은 불완전연소로 배출되는 입자 형태(예를 들어, 숯)의 탄소이며, 그린 카본(green carbon)은 육상 삼림토양, 농업토양, 목축토양에 존재하는 식물체에 존재하는 탄소이고, 블루 카본(blue carbon)은 해양에 존재하는 식물이나 유기물형태의 탄소로서 대부분 해저퇴적물에 존재한다. C. Nellemann, E. Corcoran, C. M. Duarte, L. Valdes, C. DeYoung, L. Fonseca, L. G. Grimsditch, eds., Blue Carbon. A Rapid Response

규정하는 조항을 포함시킬 때가 된 것으로 국제사회는 보고 있다.

해양 흡수원은 육상과는 달리 입증하기가 용이하고, 또 해양은 단기적으로나 장기적으로도 이산화탄소를 흡수하며, 기후변화의 영향을 더 심하게 받을 가능성이 높은 연안국들에게 가용한 자원을 인정해 준다는 점에서 육상 삼림과의 형평성을 제고해주고, 시행 비용이 비교적 적게 들 수 있다는 점에서 국가 온실가스 배출/흡수 총량 통계 작성에 포함하는 것을 호의적으로 검토할 수 있다. 그러나 해양 흡수원은 인간이 거의 통제할 수 없다는 점이 육상과는 다르다. 또 해양 흡수원은 대기 중의 이산화탄소의 함량이 증가하면 흡수 능력이 감소하게 된다. 게다가 지구해양은 크게 보면 북대서양에서 심층수가 형성되어 남빙양을 거쳐 북태평양으로 이동하는 대 순환을 하고 있다.

이 경우 북대서양의 심층수 형성 해역인 아이슬란드나 영국에서 심층수 형성을 탄소 흡수원으로 계상할 경우 타국가들과의 형평성을 검토하기는 쉽지 않을 것이며, 또 해양을 가지지 않은 내륙국가에게는 해안국가에 비해 상대적으로 손해가 된다. 또 유엔해양법협약에서는 연안국에 영해로부터 200 해리까지의 해역, 배타적 경제수역(Exclusive Economic Zone, EEZ)에 대해서 연안국의 배타적인 경제 및 환경 권리를 부여하고 있다.[38] 도서국가의 경우, EEZ의 면적이 육상면적보다 훨씬 더 크고 광대하다. 따라서 일부 국가에서는 EEZ가 대규모 흡수원으로 작용할 수 있다. 멕닐 (2006)에 의하면 키리바티는 자국의 배출량의 267,873%를 흡수하는 셈이다. 멕닐의 추정에 의하면 한국의 해역은 겨우 배출량의 1% 미만을 상쇄할 수 있을 것이다.

한편, 멕닐은 호주의 경우 자국 이산화탄소 배출량의 약 30% 이상을 EEZ에서 흡수하는 것으로 평가하였으나, 해양 흡수원을 인정하게 되

---

Assessment, United Nations Environment Programme, GRID-Arendal(2009), p.80 참조.

38) UNCLOS 1982, Article 56.

면 기존의 기후변화 완화 노력을 약화시킬 수 있으므로 이에 반대하고
있다.[39] 세계각국이 특히 배타적 경제수역이 넓은 국가들이 해양시비
행위를 통해 이 자원을 공략하기 시작한다면 지구 전체적으로 상당한
환경문제들이 수반될 수 있다. 그러므로 post-Kyoto에서는 EEZ 조항을
포함한 해양 흡수원 관련 조항에 관한 명확한 규정이 들어가야 될 것으
로 판단된다.[40]

물론 만약 post-Kyoto 합의에서 해양 흡수원이 포함된다면, 청정
개발체제(Clean Development Mechanism, CDM)와 합동이행 (Joint
Implementation, JI) 규정하의 육상토지, 토지이용변화, 삼림, 농업 (land
use, land use change, forestry, LULUCF )과 농업(agriculture)—이전
1996Guidelines(LULUCF)에서 2006년 Agriculture, Forestry and Other
Land Use (AFOLU)[41]로 변경—의 육상 탄소 흡수원 사업에 대한 영구성
(permanence), 부가성(additionality), 보조 효과성(ancillary co-effects)
조건과 같은 엄격한 규칙을 적용받게 될 것이다.


## 4. 온실가스 배출 감축과 오존층 고갈에 관한 몬트리올의정서

인위적인 활동으로 인한 지구 대기의 화학조성 변화결과의 지구적
피해와 관련하여 국제적인 다자간 환경협정은 현재까지 오존층 고갈
물질(1985년 오존층 보호에 관한 비엔나 협약과 그 1987년 오존층 고갈
물질에 관한 몬트리올의정서)과 온실가스(1992년 유엔기후변화협약과

---

39) B. I. McNeil(2006), Significance of the oceanic CO2 sink for national carbon
   accounts. Carbon Balance and Management 1,5(http://www.cbmjournal.com/
   content/1/1/5).
40) B. I. McNeil(2006), Oceanic implications for climate change policy.
   Environmental Science & Policy 9, 595-606.
41) 2006 IPCC Guidelines for national greenhouse gas inventories.

그 1997년 교토의정서)에 관해 체결되었다.

해당 물질의 생산과 사용을 금지하려는 조약의 목적 달성을 위해 전자는 시장기반 준수 유인 방법을 포함하지 않았고, 후자는 시장 기반 준수 유인 방법을 포함하고 있다. 전자는 다자간환경협정의 성공적인 사례로 평가되고 있고, 실제로 남극 상공의 오존 구멍이 점차 작아지는 성공을 거두고 있다. 동 조약에서는 최근 오존층 고갈물질이 동시에 온실가스인 경우의 관리에 관한 논의가 진행되고 있으므로 참고로 간단히 여기서 소개한다.

몬트리올의정서[42]는 지구 성층권의 오존층을 파괴하는 오존고갈물질을 제거하기 위해 1987년에 채택되었다. 22년이 경과한 2010년 현재 100종의 오존고갈 화학물질 중 거의 97%를 제거하였다. 그 결과로 오존고갈물질이면서 또한 온실가스인 것들을 2,000억 톤(전 지구 온실가스 배출량의 5년치)을 제거하였고, 이는 현재까지 교토의정서가 달성한 온실가스 총 감축량보다 훨씬 더 많다. 2010년 11월에 개최되는 당사국회의에서 마이크로네시아는 냉장고나 에어컨에 사용해 오던 CFC(탄화불화탄소) 화합물의 제2차 대체물질인 HFC(수소불화탄소)[43]를 2030년까지 90%를 줄이려는 제안을 하고 캐나다, 미국이 동의한 제안

---

42) 영문명 Montreal Protocol on Substances that Deplete the Ozone Layer.

43) 염화불화탄소(chlorofluorocarbons, CFCs)의 제1차 대체물질은 수소염화불화탄소(Hydrochlorofluorocarbon, HCFC이고, 제2차 대체물질은 수소불화탄소(hydrofluorocarbons, HFCs)이다. 즉 CFCs는 매우 안정한 화합물로서 성층권에 도달하여 자외선을 만나서 파괴되어 염소를 발생하여 오존을 파괴하고, 제1차 대체물질은 CFCs에 비해 대기 중 체류기간이 짧고 따라서 성층권에 덜 영향을 미치나, 제2차 대체물질에는 염소가 없어서 오존층을 고갈시키지 않는다. 제3차 대체물질은 냉매를 사용하지 않는 방식으로 상당 부분 기술적 진보가 이루어져 있다. 한편 HFC 물질별로 다르나 가온 효과(warming potential)는 이산화탄소에 비해 90~12,000배나 더 높다. 따라서 온실가스로 교토의정서 Annex A에 등재(carbon dioxide, $CO_2$, methane $CH_4$, nitrous oxide $N_2O$, hydrofluorocarbons HFCs, perfluorocarbons, PFC6, sulphur hexafluoride SF6)되어 있다. 이 HFCs는 주로 중국과 인도에서 생산되고, 전 세계에서 사용되고, 에어컨의 보급확대로 사용량이 급격히 늘어나고 있다.

이 검토되었다.[44] 이 HFCs를 현재상태로 제조하면 2050년경에는 매년 이산화탄소로 환산하여 880억 톤의 이산화탄소에 해당된다.[45] 그러므로 이를 감축하면 지구 온난화의 진행을 10년 정도 감속시킬 수 있을 것으로 언론에서는 전망하고 있다.[46]

현재 일부 회사들은 온실(加溫) 효과가 큰 HFC-23을 파괴하는 방법으로 기후변화협약의 청정개발메커니즘(CDM)을 사용하고 있어서, CDM위원회에서는 지난 2010년 8월에 이 거래(60억 유로 상당)를 동결하고 내부 심의에 들어갔다. 일부 몬트리올 의정서 국가들은 HFCs 감축사안은 기후변화협약에서 다루어야 한다고 주장하나, 동 오존조약이 더 넓은 환경목표 달성을 위해 사용되어야 한다고 미국에서도 주장하고 있다. 현재 상정된 이 안은 수년 이내에는 채택될 것으로 보인다.[47]

향후 이번 주 2010년 한편 또한 post-Kyoto체제도 2010년 11월 말에 예정된 멕시코 칸쿤 회의에서도 체결되기 어렵다는 전망이 지배적이고, 미국에서 에너지법이 2010년이나 2011년에도 제정되기 어렵다는 관측이 나오고 있다. 이러한 배경에서 동 오존조약은 모든 국가가 가입하고 있고, 미국이 1988년에 가입하였고 적극적으로 활동하고 있으므로 동 조약의 확장이 바람직한 것으로 평가되고 있다.

---

44) UNEP/OZL. Pro. 22/2*, paragraph H, UNEP/OzL. Pro. 22/6 and UNEP/OzL. Pro. 22/5.

45) 2007년 미국의 이산화탄소 배출량은 61억 톤이다.

46) International Herald Tribune, 10 November 2010, "Without new climate pact, experts look to an old one."

47) J. Tollefson, Nature News, 9 November 2010, Ozone treaty could be used for greenhouse gases.

## IV. 생물다양성협약의 기후지구공학적 사업에 대한 생물다양성협약의 논의동향

생물다양성협약(Convention on Biological Diversity, CBD)은 2009년에 해양시비 행위가 해양 생물 다양성에 미치는 영향에 관한 과학적 지식에 관한 검토서를 발간하였다.[48] 이 검토서는 해양시비사업의 탄소격리 수단으로서의 효율이 매우 낮고, 해양 생물에 악영향을 끼칠 가능성이 매우 크며, 이를 평가하는 데는 아직 많은 과학적 불확실성이 존재한다고 보고하였다. 생물다양성협약은 또한 2009년 런던의정서 당사국 회의의 결정을 존중하고, 사전 방지 방식에 의거하여 해양시비사업의 위험 평가를 포함해 이를 정당화할 충분한 과학적 근거가 마련되고, 또한 이에 대해 국제적으로 투명하고 효과적인 관리메커니즘(globally transparent and effective control and regulatory mechanism)이 정립되기 전에는 해양시비사업을 허용하지 않기로 결정하였다.

한편 동 협약은 연안해역에서의 소규모의 과학적 연구는 허용하였으나, 이러한 연구도 특정 과학적 연구 자료를 획득할 과학적 정당성을 확보해야 하고 동 연구사업의 해양환경에 대한 잠정영향을 사전에 정밀하게 평가해야 하고, 탄소상쇄(carbon offset)나 기타 상업적 이익을 생산하거나 판매하지 않아야 한다고 결의하였다. 그리고 동 협약은 지구공학 관련정보를 계속 수집하여 분석하기로 합의하였다.[49] 2010년 10월 일본에서 개최된 생물다양성협약 당사국회의(COP 10)에서는 생물다양성에 영향을 주는 모든 지구공학 관련 활동(CCS 사업은 제외)은

---

48) Secretariat of the Convention on Biological Diversity (2009) Scientific synthesis of the impacts of ocean fertilization on marine biodiversity, CBD Technical Series No. 45, Montreal, p.53.

49) CBD (2009) COP 9 Decision IX/16 C (Biodiversity and climate change, C. Ocean Fertilization).

동 사업에 대한 국제적으로 투명하고 효과적인 관리메커니즘이 정립되기 전에는 허용하지 않기로 결의하였다.[50]

　이는 2009년의 해양시비사업 관리에서 지구공학전반에 대한 관리로 방향이 전환된 것을 의미한다. 그러나 영국학술원을 비롯한 학계의 일각에서는 전면유예(모라토리엄)를 반대하고 있다. 학계의 견해는 다음과 같다. (1) 지구공학은 온실가스배출 감축과 기후변화 적응노력의 대안은 될 수 없다. 온실가스감축과 기후변화 적응노력은 기후정책의 핵심이 되어야 한다. (2) 현재 제안되고 있는 복수의 지구공학적 기술/사업은 전면 시행될 경우 원하지 않거나, 미지(未知)의 부작용 등 상당한 위험을 초래할 수 있다. (3) 그러나 기온을 단기간에 내리거나, 온실가스 배출 감축이나 기후변화 적응노력을 지원하기 위해 지구공학적 사업이 필요할 수 있다. (4) 현재 제안되고 있는 복수의 지구공학적 기술/사업 별로 각각 효능, 위험, 예상 편익의 평가 결과는 매우 불확실하다. (5) 지구온난화의 속도를 감소시키는 데 필요하고 위험이 충분히 낮은 기술이 존재하는지를 조사하기 위한 연구는 필요하다. (6) 효율적인 지구공학기술은 지구상 모든 사람에게 영향을 미친다. 그러므로 사회적, 법적, 윤리적, 정치적 측면에 대한 연구도 과학연구와 마찬가지로 연구되어야 한다. (7) 지구공학기술사업시행을 위한 국내, 국제적 관리 체제(governance arrangements)가 동 사업의 시행보다 선행되어야 하기 때문에 동 관리체제 개발 연구에 조속히 착수해야 한다. 즉 영국학술원은 지구공학을 기후변화의 완화방안으로 선호하는 것이 아니고, 안전한 한도 내에서, 지구공학 기술별로 예상편익과 단점 및 위험을 파악하기 위한 연구를 시행하고자 한다. 이는 어떤 기술이 좀 더 조사되어야 하고 어떤 기술이 금지되어야 하는지에 대하여 기술 시행을 검토하는

50) CBD (2010) UNEP/CBD/COP/10/L.36 (Biodiversity and Climate Change), paragraphs 8-9; UNEP/CBD/COP/10/L.42 (Marine and Coastal Biodiversity) paragraphs 13, 57-61; UNEP/CBD/COP/10/L.26 (New and Emerging Issues), paragraph 4.

데 필요한 과학기술을 포함한, 연구를 진행해야 한다는 입장이다. 이 연구의 결과로 전면 시행 시의 부작용이 분명하게 드러나면, 현재 지구공학이 온실가스 배출감축을 대신할 용이한 수단으로 삼으려는 희망(때로는 비현실적인)을 좌절시킬 수도 있다. 즉 영국 학술원은 모라토리엄이 이러한 연구조차 금지하게 되는 상황이 발생하는 것을 방지하려는 것이다.[51] CDR이나 SRM 방안 중 일부 방안의 대규모 설치나 현장 시험은 상당한 부작용이 수반될 수 있다. 이에 따라 생물다양성협약 회의는 이러한 시도가 착수되기 전에, 입법적 메커니즘(legislative mechanisms)과 지침서(guidelines)를 제정하여, 이러한 연구활동에 따른 환경영향을 책임질 수 있고, 연구활동이 제어될 수 있도록, 필요한 경우에는 완전한 국제적 합의하에 수행되는 것을 보장하는 장치를 마련하는 것이 시급하다는 내용이 논의되었다.

# V. 해양과학조사

## 1. 해양과학조사의 자유와 제약

해양과학조사(Marine Scientific Research, MSR)는 인간지식을 증가시키는 귀중한 활동이다. 그러나 해양과학조사 제도를 국제적으로 관장하는 1982년 유엔해양법협약은 해양과학조사에 대한 명확한 규정을 내리지 않았다. 다만 동 협약에 따르면 MSR은 어떤 해역이나 그 자원

---

51) UK Royal Society (2010), Geoengineering at the CBD COP 10, A Royal Society briefing (http://royalsociety.org/climate-change/).

에 대한 관할권 주장의 근거로서 사용될 수 없고,[52] 다른 합법적인 해양 이용을 방해하지 않아야 하며, 해양환경을 보호하는 규정을 준수해야 하고, 평화적으로 수행되어야 한다.[53] 한편, 런던의정서에서 채택된 AFOF는 과학조사에 관해 (1) 과학조사는 현 과학지식에 추가적으로 기여할 것과 현장 조사 이외의 방법으로는 달성할 수 없음이 입증되어야 하고, (2) 경제적인 이익이 제안된 활동의 설계, 시행, 혹은 결과에 영향을 미치지 않아야 하며, 이 MSR로 직접적인 경제적 이익이 생기면 아니되고, (3) 제안된 사업계획서는 과학 전문가 심의를 거쳐야 하고, 그 심의 기준과 심의 결과는 공개되어야 하고, (4) 연구사업 제안자는 그 성과를 전문가 심의 학술지에 공개하고 지정한 기간에 자료와 성과가 불특정 다수에게 이용될 수 있도록 공개해야 하도록 규정하였다.[54] 해양과학조사에 관한 이러한 런던의정서의 결정은 유엔해양법협약의 목적에 부합한다고 볼 수 있으나, 해양과학조사에 관한 새로운 규정으로 사료될 수 있다.

앞에서 언급한 시비를 포함하는 합법적 과학연구는 해양과학조사에 속하며, 내수와 영해, 배타적 경제수역, 대륙붕에서의 해양과학조사는 연안국의 동의를 얻어서 수행될 수 있다. 그리고 공해나 공해의 해저(公海底)에서는 원칙적으로 자유로이 MSR을 시행할 수 있다.그러나 유엔해양법협약은 MSR 시행으로 인해 오염이 발생할 경우에는 가해국이 국가책임을 지도록 규정하고 있으며, 이는 해양시비를 포함한 과학연구 활동들에 대한 관리 사안에 해당된다.[55] 이에 관해서는 유엔해양법협약 해양과학지침서(*Marine Scientific Research: a Guide to the Implementation of the Relevant Provisions of the United Nations*

---

52) 1982 UNCLOS 제241조.
53) 1982 UNCLOS 제240조.
54) LC 32/15 (2010). Annex 6. Assessment Framework for Scientific Research Involving Ocean Fertilization. Paragraph 2.
55) 1982 UNCLOS Article 258-265.

*Convention on the Law of the Sea*. 2010, 1991년 본의 2010 개정본)가
유용할 것이다.[56]

## 2. 해양과학조사의 환경 위험

모든 인위적 행위는 환경에 영향을 미친다. 해양과학조사도 예외가
아니다. 해양과학조사에 동원되는 선박의 운용, 그리고 관측이나 시료
채취 등과 같은 해역에 대한 침투행위는 해양환경에 악영향을 미칠 수
있다. 해양과학조사 활동으로 인한 환경에의 악영향의 사례를 살펴 보
면 다음과 같다. 선박운항으로 기름, 배기 가스, 폐기물, 플라스틱물질,
하수가 해양으로 배출될 수 있고, 소음이 발생하며, 밸러스트 수(ballast
water)가 또한 해양에 배출될 수 있다. 그리고 선박이 좌초되거나 충돌
하는 등의 선박이 포함된 해상 사고가 발생하면 그로부터 여러 가지 물
질이 해양으로 배출되어 해양이 오염될 수 있다.

또한 과학적 연구활동 중 물리적인 활동으로서 준설, 해저 퇴적물
그랩/코어 시추, 해저 관측장비 배치(lander operation), 트롤작업, 계
류, 원격 탐사선(remotely operated vehicle, ROV)을 이용한 시료채취,
케이블 매설 시 제트 시스템작동, 카메라 운영 시 고강도 조명 등이 해
역에 환경적으로 영향을 미칠 수 있다. 그리고 지진파 탐사(seismic
survey), 해저면 탐사(sub-bottom profiling), 다중 빔 혹은 단일 빔 조
사(multibeam or single-beam surveying), 음향 도플러 해류계(acoustic
Doppler current profiling, ADCP), 암반 드릴이나 파쇄(rock drilling
and chipping)작업 등은 해양에 대해 음향 영향을 미칠 수 있다. 또
한 염료, 형광구슬, $SF_6$ 등 추적자물질을 투입하거나 수온을 재기 위해
Expendable Bathythermograph(XBT)—구리와 배터리—을 투입함으로

---

56) UNGA, A/65/69 paragraph 103.

써 환경영향이 발생할 수도 있다. 그리고, 해양과학조사에 사용하는 해양장비로부터 유압액의 누출, 시료 채취 장비의 재사용으로 인한 생물군집의 상호 오염, 장비 유실(배터리 포함), 정박을 위한 선박 이동 시의 물리적 교란 등으로 인해 환경영향이 발생할 수 있다.

## 3. 해양과학조사의 환경 관리

앞에서 살펴본 바와 같이 MSR에 수반될 수 있는 위험을 방지하기 위해서는 MSR 계획을 수립할 때 필요한 정보수집을 위한 최적의 조사 도구나 방법을 사용하고, 또 환경영향을 최소화할 수 있도록 조치해야 한다. 즉 가급적 기존 자료를 이용하고, 사전조사를 통해 해양조사로 인한 환경영향을 파악하고 이를 완화할 적절한 조치를 개발해야 한다. 또한 시료수는 최소로 하고 시료 채취 장비는 가급적 덜 침투적인 것으로 제작해야 한다. 특히 민감/보호구역(sensitive/protected area)에서 MSR을 시행하는 경우에는 당해 활동으로 인한 환경영향을 심도 있게 검토해야 한다. 그리고 해양과학조사선박은 선박의 규모, 항해 기간, 지리적 위치, 업무의 특성을 감안하여 자체적으로 해양환경 관리계획(marine environmental management plan)을 수립해야 하며,[57] 사전에 위험관리계획과 사고발생시 응급조치 계획(contingency plan)을 개발해야 한다.

이와 관련해 여러 지역협력체나 국제 기구에서 해양과학조사의 행동규정을 채택하였다. 예를 들어, 북동대서양보호 조약은 심해 열수구 과학조사 강령(InterRidge Statement of Commitment to Responsible

---

57) International Ship Operators Meeting (ISOM) (2007). Code of conduct for marine scientific research vessels (http://www.nioz.nl/public/dmg/isom/reports/International_RV_Code_final.pdf).

Research Practices at Deep-Sea Hydrothermal Vents)과 독일의 책임 있는 해양과학조사 강령을 바탕으로 2008년에 심해와 공해에서의 해양과학조사 행동규정을 채택하였다.[58] 그리고 캐나다와 포르투갈은 연구활동이 빈번한 자국의 관할해역에 위치한 열수구 생태계를 보호구역(Marine Protection Area, MPA)으로 설정하고 MSR에 대한 행동규범(code of conduct)을 수립하여 내·외국 과학자들이 당해 열수구 연구활동이 환경이나 생태계에 위험을 가하지 않도록 유도하고 있다.[59]

해양과학조사는 대부분 정부의 지원으로 이루어지므로[60] 국가들은 개별적으로 환경관리 제도를 시행해 왔다. 한편 국제기구의 감독하에 수행되는 해양과학조사의 경우 동 조사가 배타적경제수역이나 대륙붕에서 시행되면 유엔해양법협약상 연안국의 동의를 얻어야 하는데,[61] UNESCO-IOC는 이에 관한 동의 취득 절차를 2005년에 수립하였다.[62] 해양시비를 포함하는 MSR은 해역을 의도적으로 교란시켜 생태계 및 환경의 반응을 보는 활동이고, 당해 해역이 취약한 생태계(vulnerable ecosystem)인지 여부가 규명되지 않은 상태에서 광대한 해역(예, 〉100해리×100해리)을 대상으로 수행되기 때문에 기국(flag state), 연안국(coastal state), 항만국(port state)이 모두 이에 개입해야 할 것으로 사료되나, 관련 국가들의 역할이 뚜렷하게 정리된 상태는 아니다.[63] 그러므

---

58) OSPAR Code of conduct for responsible marine research in the deep seas and high seas of the OSPAR maritime area (OSPAR 08/24/1, Annex 6).

59) L. Glowka (2003), Putting marine scientific research on a sustainable footing at hydrothermal vents, Marine Policy 27, 303-312.

60) 영국 Natural Environment Research Council에서 2010년 Principal Scientist Workshop에 제출한 Information Papers 참조 (http://www.nerc.ac.uk/research/sites/facilities/marine/documents/ps-workshop10-papers.pdf).

61) UNCLOS 제247조.

62) UNGA/RES/60/30 (2005), Procedure for the application of Article 247 of UNCLOS by the Intergovernmental Oceanographic Commission (http://ioc3.unesco.org/abelos/index.php?option=com_content&task=view&id=24&Itemid=39).

63) 홍기훈·손효진, "해양시비 사업의 국제관리체제 예비분석," 『한국해양환경공학회지』 11 (2008), pp.138-149. R. Rayfuse, M.G. Lawrence, K.M. Gjerde (2008),

로 유엔해양법협약상 해양환경보호 규정(MEP)[64]과 해양과학조사(MSR) 간의 관계는 해양시비사업 규율 차원에서 상세하게 검토할 필요가 있다.[65]

## VI. 런던의정서의 물질 투입 규제

런던의정서에서는 해역에 물질을 투입하는 행위를 투기와 배치의 2가지로 구분하고 있다. 그리고 동 의정서는 투기 행위의 경우에는 '부속서 1'에서 열거한 품목에 한하여 '부속서 2'에 규정한 소정의 절차를 거쳐서 사전에 허가를 받도록 하고 있으며, 또한 당사국은 이에 대해 모니터링하고 그 결과를 사무국에 보고해야 한다. 한편 동 의정서는 그 밖의 물질에 대해서는 투기 행위를 금지한다.

### 1. 투기와 배치

런던의정서에서는 물질을 처분이 아닌 목적으로, 의정서의 목표에 위배되지 않은 범위 내에서, 해양에 배치할 경우는 투기에 포함하지 아

---

Ocean fertilization and climate change: The need to regulate emerging high seas uses, The International Journal of Marine and Coastal Law 23, 297-326.

64) UNCLOS Part XII, Arts. 192-197.

65) P.A. Verlaan (2007), Experimental activities that intentionally perturb the marine environment: Implications for the marine environmental protection and marine scientific research provisions of the 1982 United Nations Convention on the Law of Sea, Marine Policy 31, 210-216.

니한다.[66] 그러나 동 의정서는 이러한 배치 행위에 관해 구체적인 규정을 두고 있지는 않다. 이러한 모호성 때문에, "의정서의 목표에 위배되는지의 여부" 판정을 위한 지침서 개발 논의는 당사국 회의에서 계속되어 왔다. 특히, 폐기물을 인공어초를 제작하는 원료로 사용할 수 있는지의 여부는 해양환경으로 유해물질이 용출될 가능성을 검토하는 과학기술적 측면일 뿐만 아니라, 폐기물을 투입하여 축조한 인공어초가 서식지 제고 행위인지 또는 폐기물 처분 행위로 간주해야 하는지의 판단은 정책 및 법적 차원의 문제이다. 후자는 국가적으로는 폐기물 관리 차원의 정책 소관이고 국제 투기 조약의 관할 범주에 속한다. 국제조약으로는 런던협약/의정서와 유엔해양법협약이다. 인공어초에 관한 관리는 국가별로 매우 다르다. 예를 들면 영국에서는 수산업 단일 목적으로 인공어초(artificial reef)를 허가하는 경우는 거의 없기 때문에 폐기물을 재료로 사용하는 경우는 허가를 얻을 가능성이 거의 없다.[67]

1992년 런던협약 당사국회의는 사전방지 원칙(precautionary approach)에 의거 인공어초는 런던협약 부속서 I과 부속서 II 물질을 포함하는 폐기물로 축조하면 아니 되고, 또 특정평가지침서에 의거 평가를 받도록 합의하였다.[68] 2000년 당사국회의에서 영국은 "단순 처분이 아닌 다른 목적의 배치(placement of matter for a purpose other than mere disposal thereof)"는 협약의 목표에 위배되지 않으면 "투기(dumping)"에 해당되지 않으므로 런던협약의 범주에 속하지 않고, 따

---

66) LP Article 1.4.2.2.

67) H. Pickering (1996), Artificial reefs of bulk waste materials: a scientific and legal review of the suitability of using the cement stabilized by-products of coal-fired power stations, Marine Policy 20, 483-497.

68) LC 22/14 paragraph 5.9-5.16, LC 22/5/1 (여기서 배치의 예로써 항해 보조물, 계류, 항만 구조물, 풍력발전구조물, 조력발전구조물, 파이프라인, 통신케이블, 해안보호구조물, 양식구조물, 과학및 기술자료획득, 휴양, 타 합법적 해양 이용을 들고 있다. 이 중 gathering of scientific or technical data의 범주에 해양시비를 포함하는 합법적 과학연구가 속할 것이다), LC 22/5/3.

라서 본격적인 지침서를 개발하는 것이 바람직하지 않다고 주장하였으나, 네덜란드는 비록 그러하더라도, 투기와 배치 모두로부터 해양환경을 보호하도록 포괄적인 지침서 개발이 필요하다고 주장하였다. 나머지 대부분의 당사국들은 본격적인 인공어초 지침서를 개발하는 것이 해양환경보호 목적에 유용하고 런던협약 목적에 속한다고 하였다. 그러나 "배치"가 런던협약의 범주에 속하는 지에 대해서는 합의하지 못하였다.[69]

이어서 2001년 당사국회의에서는 "배치"는 (1) 폐기물의 해양처분을 면제하는 방편으로 사용될 수 없고, (2) 협약의 목적에 위배되어서는 아니 되고, (3) 배치 행위에 관한 정보는 사무국에 보고하고, (4) 배치에 사용되는 물질은 해당 특정 폐기물 지침서에 의거 평가되어야 한다고 결의하였다.[70] 여기서 인공어초의 평가에 적용할 수 있는 특정 평가지침서는 선박,[71] 플랫폼,[72] 비활성무기지질물질 평가지침서[73]이다. 또한 동 회의에서 호주는 인공어초 지침서를 개발하였고 인공어초의 제작과 배치 행위의 허가는 투기허가에 적용하는 절차를 적용한다고 발표하였다.[74] 2006년 6월 과학그룹회의는 인공어초 배치에 관한 세계적 지침서를 작성하기로 결의하였고, 스페인의 주도로 추진하여 2009년에 출판하였다.[75] 2008년 해양시비에 관한 결의서 채택으로 배치는 분명히 협약/의정서의 범위로 간주되었다고 볼 수 있다. 그리고 이전의 인공어초 지침서 채택은 런던협약/의정서에서 배치에 대하여 구속

---

69) LC 22/14 paragraph 5.15.

70) LC 23/16, paragraph 6.13.

71) LC 22/14, annex 6 (Specific guidelines for assessment of vessels).

72) LC 22/14, annex 7 (Specific guidelines for assessment of platforms or other man-made structures at sea).

73) LC 22/14, annex 8 (Specific guidelines for assessment of Inert, Inorganic Geological Material).

74) LC23/16, paragraph 6.14.

75) London Convention and Protocol/UNEP, Guidelines for the Placement of Artificial Reefs, UNEP Regional Seas Reports and Studies No. 187, p.95.

하려는 의지가 존재해 왔다고 볼 수 있다.

## 2. 선별등재방식과 런던의정서의 개정

런던의정서에서는 폐기물이나 기타물질을 선박, 항공기, 플랫폼이나 기타 해상인공구조물로부터 고의적으로 해역에 처분하거나, 선박, 항공기, 플랫폼이나 기타 해상인공구조물을 고의적으로 해역에 처분하거나, 폐기물이나 기타 물질을 선박, 항공기, 플랫폼이나 기타 해상인공구조물로부터 고의적으로 해저나 그 하층토에 저장하거나, 플랫폼이나 기타 해상인공구조물을 처분목적으로 그 자리에 방치하거나 쓰러뜨리는 행위를 투기라고 정의하며,[76] 이 중 부속서 1에 열거한 것을 제외하고는 모두 금지하고 있는 선별등재방식(포지티브 리스트 시스템, Positive List System)을 채택하고 있다. 그리고 부속서 1에 열거한 것은 부속서 2의 평가체제를 통해 심사한 후에 투기 허가를 발급할 수 있도록 되어 있다. 그리고 부속서 2에 근거하여 심의 허용 품목별 특성에 맞추어 개별 특정 평가지침서를 당사국회의에서 제정하였고 이를 사용하도록 되어 있다.

런던의정서는 1972년에 체결된 런던협약[77]을 1996년 전면 개정한 새로운 조약이다. 런던협약에서는 유기할로겐 화합물 등 부속서 I에 열거한 품목(black list )의 투기를 금지하고, 비소 등을 상당히 포함한 물질(grey list)의 투기는 특별허가를 득하여야 하고, 그 밖의 물질은 일반허가를 득한 후에 투기장의 해양환경특성 적합성 규명 등의 부속서 III의 내용을 심의한 후 투기 허가증을 발급하도록 하는 네거티브 방식을 채

---

76) LP, Article 1,4.1, 4.1.1, 4.1.2.
77) O.S. Stokke (1998/99), Byond dumping? The effectiveness of the London Convention, Yearbook of International Co-operation on environment and development, pp.39-49.

택하였다.[78] 그러나 협약은 black list 나 grey list에 속하는 물질은 판정
하는 기준을 제공하지 않고,[79] 또 당사국들 간의 금지 품목에 대한 해
석상의 이견(異見)—예, 물질의 화학성분, 생물 농축, 생물시험 등 독성
평가에 기반한 해양환경에 대한 유해성평가에서의 기술적 문제점[80]—
이 노출되어 부속서 I과 II에 대한 논의에 많은 시간을 보내게 되었다.
또한 부속서 III의 일반적 고려사항 중 육상처분 대안이 실제로 존재하
는지의 여부를 투기 허가를 발급하기 전에 심의하도록 되어있는 바, 일
부 국가들은 실제로 육상 대안이 존재하지 않아야 해양 투기를 허가할
수 있다고 여겼고, 일부 국가들은 투기 자체가 오염을 구성하는 지의
평가에 주력하고 대안의 존재는 2차적으로 다루었다.[81] 또 상당수의 당
사국들이 투기허가 보고서를 사무국에 제출하지 아니 하였다.

이러한 배경에서 1996년에 채택한 런던의정서는 투기 허용 물질을
열거하고 그 밖의 물질의 투기는 금지하는 포지티브 방식(혹은 협약
의 black list 에 반하여 reverse list라고도 함)을 채택하였다. 여기서 투
기허용물질이란 의정서 내용에 따라 번역하면 투기심의허용물질이라
고 할 것이다. 1996 제정 당시에 이미 1992 헬싱키 협약에서 준설물질
만을 허용하고, 1992 OSPAR협약에서는 하수 처리 오니를 금지한 상태
이고,[82] 1976년 바르셀로나협약의 1995년의정서(1995 Protocol to the
Barcelona Convention 1976)에서 선박의 투기를 금지한 상태에서도 하
수 처리 오니와 선박의 투기를 허용대상 품목으로 정한 것은 세계적인

78) LC Article IV, annex I, II, III.
79) C.M. Carvell (1985), The London dumping convention's ninth Consultative
    Meeting: A pivotal event, Marine Pollution Bulletin 16, 265-267.
80) 예, R. J. Dortland (1981), Problems in evaluating the hazards associated with
    dumping chemical waste in the marine environment, Chemosphere 10, 677-692.
81) M.G. Norton (1981), The Oslo and London dumping conventions, Marine
    Pollution Bulletin 12, pp.145-149.
82) 문병호 · 홍기훈, "런던의정서에서의 유엔지역그룹체제의 역할에 관한 연구,"
    『한국해양환경공학회지』 13 (2010), pp.135-150.

추세를 감안하여 유사한 성격의 지역협정보다 기준을 완화한 것이다. 이는 이전의 화학물질을 관리하는 차원에서 폐기물흐름(waste stream) 의 관리로 방향전환을 한 것이다. 그리고 각각의 투기 심의 허용물질의 생물유해성 여부는 각 당사국의 판단에 맡기기로 하여 공통의 차별화 된 책임(common but differentiated responsibility, CDR)의 일반 국제법 원칙을 포함하고 있다.[83]

이는 법적 성격으로는 매우 경직되어 있어서 준수를 보장하기 용이 한 장점이 있으나 새로운 상황에 대처하기 위해서는 개정을 통하는 수 밖에 없다. 런던의정서의 제정 당시에는 물론 1992년 유엔기후변화협 약(1992 UNFCC)이 존재하였으나, CCS 사업 수요의 대두는 예측할 수 없었다. 따라서 포지티브 방식을 취하고 있는 런던의정서로서는 개정 을 하지 않고는 수용할 수 없었다. 이러한 이유로 2006년 3월 의정서가 발효한 해에 바로 개정하게 된 것이다. 일부에서는 이산화탄소의 오염 을 대기로부터 해저 하층토로 이동한 것으로 보아, 의정서 3조 3항이나 1982 UNCLOS 195조(오염의 형태 변경이나 장소 이동 금지)를 위배한 것으로 평가하고 있으나,[84] 동 CCS 사업은 기술적으로 안전하게 증명 되어 이미 상업적으로 이용된 지 10여 년이 경과한 바 동 조항의 위반 으로 보기는 어려울 것이다.

- **포지티브 등재 방식과 네거티브 등재 방식의 차이**

행정청이 어느 사안을 관리하는 방식은 크게 포지티브 방식과 네거 티브 방식으로 나눌 수 있다. 예를 들면, 무역관리를 위하여 수출입의 허용품목과 금지품목을 정하는 방법에는 포지티브 등재 체제(Positive List System)와 네거티브 등재 체제(Negative List System)가 있다. 전자

---

83) LC Article II, LP Article 2 (⋯ according to their scientific, technical and economic capabilities, ..).

84) P. Verlann (2009), Geo-engineering, the Law of the Sea, and climate change, The Carbon & Climate Law Review 4, 446-458.

는 예를 들면, 수출입이 허용되는 품목만을 표시하고 표시되지 않는 품목은 수출입을 제한금지 하는 제도를 말하고, 후자는 수출입이 제한, 금지되는 품목만 표시하고 표시되지 않은 것은 모두 수출입이 허용되는 것으로 하는 제도를 가리킨다. 포지티브 등재 체제는 수출입을 원칙적으로 금지하는 후진국에서 채택하였고, 선진국의 경우에는 특정한 물품을 제외하고는 허용하는 네거티브 등재 체제를 채택하고 있다.

또한 보험적용 의약품을 등재한 것에 한정하면, 등재 품목 이외의 약품이 더 효율적일 경우에 사용할 수 없어, 경우에 따라서는 비용이 더 들 수도 있다. 또 새로이 시장에 나오는 효과 좋은 신약을 사용하기 위해서는 그 품목을 등재하는 법규 개정을 한 이후에나 접근할 수 있으므로 환자와 의사의 자유를 제한하는 경우다 발생한다. 일본은 2006년에 농산물의 잔류농약관리를 개선하기 위해 살충제, 가축의약품 등 모든 농업화학물질(약 800여 종)을 등재하여 일정기준 이상을 함유한 농산물의 유통을 금지하기로 결정하였다.[85]

실제 시장에 유통되는 농산물을 수거하여 유해물질 함량을 조사한 결과 등재물질은 아니나 포장재료 제조과정에서 유래된 물질이 인체에 유해함이 발견되었다. 우리나라의 경우 음식물류 폐기물을 분리 수거하기로 1977년에 결정하였으나(음식물류폐기물의 수집운반 및 재활용촉진을 위한 조례준칙), 1998년에 와서야 폐기물관리법을 개정하여 전용봉투에 분리하여 수거하도록 허용하고, 2001년에 사료의 원료로 사용할 수 있게 허가하고, 2003년에 비료로 사용하도록 허가하였다. 이 경우, 1997년부터 매일 분리 수거한 음식물류 폐기물을 재활용하는 방법을 계속 제한하여 온 것으로 음식물류 폐기물 재활용방법을 선별 등재하여 등재되지 아니한 방법이 더 나은 경우에도 시행할 수 없었던 것

---

85) M. Iwaski, I. Sato, Y. Jin, N. Saito, S. Tsuda (2007), Problems of positive system revealed by survey of pesticide residue in food, The Journal of Toxicological Sciences 32, 179-184.

을 증명해 주고 있다. 이 사례에서 보면 포지티브 등재 시스템은 선험적인 지식과 경험이 충분한 경우에 유용할 수 있으나, 그러하지 않은 경우에는 등재 목록을 새로운 상황에 적응하여 수정하여야 한다. 실제 법안 작성자의 경험과 지식이 한정적이고, 사안이 기술적인 경우 기술의 진보를 예측하는 것은 거의 불가능하므로, 포지티브 등재 시스템은 오히려 해당 법규의 제정 취지에 걸림돌이 되는 경우가 허다하다. 그러므로 특정사안을 금지하는 네거티브 방식이 더 선진적인 제도로 볼 수 있다.

## VII. 결론 및 우리나라의 관련 법규

최근 국제사회에서는 지구 기후 변화에 대응하려는 노력의 일환으로 기후지구공학적 사업들이 다양하게 제안되고 있다. 이러한 사업들은 지구 기후에 대한 과학적 지식에 근거하여 공학적 기술이 접목된 형태이다. 그러나 사업의 목표와 성과, 그리고 그로 인한 환경영향도 또한 지구적 규모로 발생하기 때문에 지구상에 살고 있는 모든 사람과 국가들이 그러한 영향하에 놓이게 된다. 그러므로, 지구 행성의 한 주민으로서, 국제사회의 의사 결정에 참여하는 국가로서 개별 사안별로 그 내용과 논의 동향을 파악하고, 이러한 활동들을 지구 차원에서 관리하는 역량을 꾸준히 배양해 나가야 할 것이다.

우리나라는 환경정책기본법에서 지구의 환경 위험을 예방하기 위한 공동의 노력을 강구하도록 의무화하고 있다. 또한 우리나라는 녹색성장 기본법에서 온실가스 감축기술을 녹색 기술에 포함시키고 있고, 또 기후변화문제에 대한 국제협상의 동향 및 주요 국가의 정책을 분석하여 적절한 대책을 마련하도록 의무화하고 있으므로 기후지구공학의 기술적 진보와 국제적 관리체제개발 동향을 면밀히 분석하여 국가적 입장을 마련해나가야 할 것으로 사료된다. 개별사안별로 살펴보면 해양 CCS는 해양환경관리법이, 해양시비는 해양생태계의 보전 및 관리에 관한 법률이 주로 관련이 될 것이다.


## 1. 이산화탄소 해저 지질 구조 격리 사업 관련

런던의정서에 해당하는 국내법은 해양환경관리법 제23조(육상에서 발생한 폐기물의 해양배출 금지)와 동법 시행규칙 제12조(해양배출이 가능한 폐기물의 종류 등), 제13조(폐기물 배출해역의 지정 신청), 제14조(폐기물 배출해역의 지정 등) 등이 있다. 사전 방지 원칙 등 런던의정서의 주요 부분이 국내법에 구체적으로 수용되지 못하고 있음은 향후 개선되어야 할 것이다.

한편 해양환경관리법은 시행규칙 제12조 1항 관련의 별표 6의 3에 "3. 해저 지질구조 내 고립격리 방법에 의하여 배출해야 하는 폐기물: 이산화탄소 포집 공정으로부터 발생한 '이산화탄소 스트림(Stream)'으로서 국토해양부 장관이 이산화탄소 스트림의 성질과 상태, 해저지질구조와 위치, 처리방법 등을 정하여 고시하는 폐기물"이라는 조문을 2010년 9월에 삽입하였다.

이를 통해 국내에서 이산화탄소 해저 지질 구조 격리 사업(해양CCS)을 관리할 법적 근거가 마련되었다고 할 수 있다. 이산화탄소해저지질격리사업은 우리나라에서는 경험이 전무하고, 적정 부지의 특성 규명 사업도 이제 진행 중인 상태이다. 그러나 아국의 배타적 경제수역은 매우 소규모이기 때문에 인접국가와의 관할권의 충돌을 사전에 방지하기 위한 국가간의 협의가 필요하다. 또한 이산화탄소 해저 주입 지층 관리의 투명성과 인접국을 포함한 해역의 환경위험 정보의 석명성을 보장하기 위하여 법률로서 규율해야 할 사항들이 매우 많다. 따라서, 시행규칙 차원에서 이러한 사안들을 모두 소화하기는 어려울 수 있다. 그러므로 이산화탄소 해저지질 격리 사업을 관장할 법규를 현재의 해양환경관리법에서 분리하여 독립시킬 필요가 있다.


## 2. 해양시비 관련

우리나라에서는 수산물 획득을 위한 해양생태계의 이용이나 조작의 강도가 매우 높다. 따라서 수산자원 및 수면을 종합적으로 이용하여 수산업의 생산성을 높이려는 목적의 수산업법[86]과 해양생물다양성을 보전하려는 해양생태계의 보전 및 관리에 관한 법률 간의 관계가 추후에 검토되어야 할 것이다. 해양생태계의 보전 및 관리에 관한 법률은 해양환경을 이용하거나 개발하는 경우는 생태적 균형이 파괴되거나 그 가치가 저하되지 않도록 규정하고 있다. 동법은 만일 해양환경의 이용 및 개발로 인하여 생태계 균형이 파괴된 경우 이를 최대한 복원하기 위하여 노력할 것을 의무화하고 있고(제3조 6항) 생물다양성협약(CBD)과도 협력하도록 하고 있다(동법 시행규칙 제6조 1항). 앞에서 언급한 바와 같이 생물다양성협약에서는 CCS를 제외한 모든 지구공학 제안에 대한 연구를 포함한 유예(moratorium)를 추진하고 있어 그 국내적 함의를 예의 분석하여야 할 것으로 사료된다.

---

86) 수산업법 제4조 1항은 "시장(특별자치도의 경우에는 특별자치도지사를 말한다. 이하 같다)·군수·구청장(자치구의 구청장을 말한다. 이하 같다)은 관할 수면을 종합적으로 이용·개발하기 위한 어장이용개발계획(이하 "개발계획"이라 한다)을 세워야 한다"고 하여 해양을 수산업의 목적으로만 보고 있다.

# 참고문헌

백진현. "다자간환경협정의 준수문제." 『多者間環境協定의 遵守: 런던의정서
　　를 중심으로』(정인사, 백진현, 홍기훈 편집, 2006).
홍기훈·김한준·박찬호. "이산화탄소 해저지질구조 격리: 기술현황과 제도
　　예비검토." 『한국해양환경공학회지』 제8권 (2005).
홍기훈·문병호. "런던의정서에서의 유엔지역그룹체제의 역할에 관한 연구."
　　『한국해양환경공학회지』 제13권 (2010).
홍기훈·손효진. "해양철분 시비사업의 국제 관리체제 예비분석." 『한국해양
　　환경공학회지』 제11권 제3호 (2008).

Broecker, W. S. *How to Build a Habitable Planet* (NY: Eldigio Press, 1985).
Broecker, W. S., R. Kunzig. *Fixing Climate: What Past Climate Changes Reveal*
　　*about the Current Threat—And How to Counter It* (Hill and Wang,
　　2008).
Glowka, L. "Putting marine scientific research on a sustainable footing at
　　hydrothermal vents." *Marine Policy*, Vol.27 (2003).
Harvey, L. D. D. "Mitigating the atmospheric CO2 increase and ocean
　　acidification by adding limestone powder to upwelling regions." *Journal*
　　*of Geophysical Research*, Vol.113 (2008).
Iwaski, M., I. Sato, Y. Jin, N. Saito, S. Tsuda. "Problems of positive system
　　revealed by survey of pesticide residue in food." *The Journal of*
　　*Toxicological Sciences*, Vol.32 (2007).
Kheshgi, H. S. "Sequestering atmospheric carbon dioxide by increasing ocean
　　alkalinity." *Energy*, Vol.20, No.9 (1995).
Kolari, T. *Promoting compliance with international agreements—An*
　　*interdisciplinary approach with special focus on sanctions* (Department
　　of Law, University of Joensuu, 2002).
McNeil, B. I. "Oceanic Implications for Climate Change Policy." *Environmental*
　　*Science & Policy*, Vol.9 (2006).
Norton, M. G. "The Oslo and London dumping conventions." *Marine Pollution*

*Bulletin*, Vol.12 (1981).

Odum, H. T., B. Odum. "Concepts and methods of ecological engineering." *Ecological Engineering*, Vol.20 (2003).

Pickering, H. "Artificial reefs of bulk waste materials: a scientific and legal review of the suitability of using the cement stabilized by-products of coal-fired power stations." *Marine Policy*, Vol.20 (1996).

Rau, G. H., K. Caldeira. "Enhanced carbonate dissolution: A means of sequestering waste CO2 as ocean bicarbonate." *Energy Conservation and Management*, Vol.40 (1999).

Rayfuse, R., M. G. Lawrence, K. M. Gjerde. "Ocean fertilization and climate change: The need to regulate emerging high seas uses." *The International Journal of Marine and Coastal Law*, Vol.23 (2008).

Sagarin, R., M. Dawson, D. Karl, A. Michael, B. Murray, M. Orbach. *Iron fertilization in the ocean for climate mitigation: legal, economic, and environmental challenges*. The Nicholas Institute for Environmental Policy Solutions at Duke University (2007).

Secretariat of the Convention on Biological Diversity. "Scientific synthesis of the impacts of ocean fertilization on marine biodiversity." CBD Technical Series, No.45 (2009).

Strand, S. E., G. Benford. "Ocean sequestration of crop residue carbon: Recycling fossil fuel carbon back to deep sediments." *Environmental Science and Technology*, Vol.43 (2009).

Verlaan, P. A. "Experimental activities that intentionally perturb the marine environment: Implications for the marine environmental protection and marine scientific research provisions of the 1982 United Nations Convention on the Law of Sea." *Marine Policy*, Vol.31 (2007).

_____. "Geo-engineering, the Law of the Sea, and climate change." *The Carbon & Climate Law Review*, Vol.4 (2009).

Zhou, S., P. Flynn. "Geoengineering downwelling ocean currents: A cost assessment." *Climate Change*, Vol.71 (2005).

# 제2장

# 한국의 이산화탄소 해저 지중저장에 대한 런던의정서 제6조의 개정이 가지는 함의

김정은 | 한국해양연구원

## I. 서론

이산화탄소의 포집 및 지중저장은 기후변화의 주요 원인인 온실가스 중 특히 지구온난화에 기여하는 정도가 큰 이산화탄소를 분리시켜 영구적으로 저장시킴으로써 기후변화를 더 악화시키는 것을 예방할 목적으로 연구, 시행되고 있는 것이다. 원래 이산화탄소 지중저장은 원유 또는 천연가스 추출 시 생산성을 높이기 위한 채굴 공정의 일부로서 사용되어 왔고, 북해의 1개 해상 가스전에서는 지구온난화에 대응하는 방안으로 1996년부터 사용되었으나, 육상에서 발생한 이산화탄소 스트림을 해저 지중에 저장하는 행위를 규제하기 위한 국제법이 마련된 것은 최근의 일이다. 국제해사기구(International Maritime

Organization: IMO)의 협약 중 해양투기방지협약의 1996년 의정서(런던의정서)는[1] 범세계적 국제협약 중 처음으로 이산화탄소의 해저지중저장을 허용하였다. 이 의정서는 2006년 부속서 1 등의 개정을 통하여 분리 포집된 이산화탄소의 해저 지중저장을 허용하게 되었다. 2009년에도 이산화탄소 저장과 관련한 의정서의 개정이 이루어졌는데 이때 개정된 제6조는 해저지중저장을 위한 이산화탄소의 외국 반출(export)을 가능하게 하였다. 이 장은 특히 최근 제6조의 개정이 갖는 의의는 무엇이며 이 개정이 한국의 해저지중저장 이행에 어떠한 영향을 미칠 것인지에 관해 논의할 목적으로 쓰였다. 이를 위하여 우선 이산화탄소 지중저장이 필요한 이유와 특히 해저지중저장이 일으킬 수 있는 환경문제를 간단히 소개할 것이다. 그러한 기술적 이해를 바탕으로 런던의정서의 2009년도 개정 내용과 개정된 제6조를 해석하고, 제6조의 개정에 관한 논의 중에 등장하였던 국제법적 사안에 대해 상세히 소개할 것이다. 그 후에 이번 개정이 한국과 주변국의 이산화탄소 저감 정책에 미칠 영향에 대하여 논의할 것이다.

## II. 이산화탄소 지중저장의 필요성과 환경 영향

### 1. 지중저장의 필요성

이산화탄소 포집 및 저장이란 산업활동 중에 발생하는 온실가스 중

---

1) 해양투기방지협약에 대한 1996년 의정서(Protocol of 1996 to the Convention on the Prevention of Marine Pollution by Dumping of Wastes and other Matter), 1972, 1996년 11월 7일 채택, 2006년 3월 24일 발효, 2006년 11월 2일 개정안 채택, 2007년 2월 10일 발효, IMO Doc. LC/SM 16.

특히 이산화탄소만을 분리, 압축한 후 저장지에 영구적으로 저장하는 것을 의미한다.[2] 여기서 산업활동이란 에너지 발전소, 천연가스 생산시설 및 기타 산업체가 이산화탄소를 비롯한 온실가스를 발생시키는 화석연료를 사용하여 행하는 생산 활동을 의미한다. 이들 산업체는 21세기 중반까지는 화석연료에 의존하지 않을 수 없으며 따라서 온실가스도 그에 상응하여 지속적으로 발생할 수밖에 없다.[3] 온실가스를 통제하지 않는다면 지구온난화는 더욱 악화될 것이므로 이를 방지하기 위하여 이산화탄소 저감정책을 지속적으로 이행할 필요가 있다.[4] 지구온난화의 대응책에는 이산화탄소 저감 외에도 에너지 효율성 향상, 저탄소 연료 사용, 핵에너지 사용, 재생에너지 개발과 사용, 이산화탄소 외의 온실가스 배출 감소 등이 있지만 이들 중 단독으로 대기 중 온실가스 농도를 안정적으로 유지시킬 방안은 없다.[5] 따라서 효과적인 지구온난화 대비를 위해서는 이산화탄소의 저감 및 다른 해결책을 함께 병행하여 지속적으로 이행해야 한다.

　이산화탄소의 저감을 위하여 포집한 후 저장하는 방법에는 육상의 지하 또는 해저의 대염수층, 원유 또는 천연가스를 모두 추출한 매장지 등에 저장하는 방법(〈그림 1〉 참고), 심해저에 가라앉혀 안정화시켜 저장시키는 방법, 무기탄산염(inorganic carbonate)으로 응고(industrial fixation)시키는 방법 등이 있다. 마지막 방법은 이산화탄소 배출을 감소시키는 효과가 크지 않고[6] 심해저에 저장시키는 방법은 주변으로

---

2) Bert Metz (et al.) (eds.), "IPCC Special Report on Carbon Dioxide Capture and Storage," A Special Report of Working Group III of the Intergovernmental Panel on Climate Change, Montreal, Canada, 22-24 September 2005, Cambridge University Press, p. 3; 홍기훈 · 박찬호 · 김한준, "이산화탄소 해저지질구조 격리: 기술현황과 제도 예비 검토," 『한국해양환경공학회지』 8 (2005), pp. 203-212.

3) *Ibid.*

4) *Ibid.*

5) *Ibid.*

6) *Ibid.*, pp. 3-4.

〈그림 1〉 이산화탄소 지중저장 가능 지형

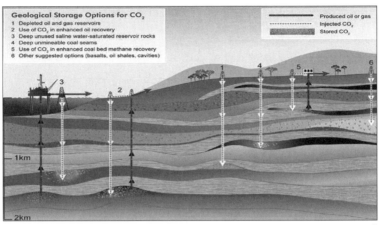

자료: Bert Metz (et al.) (eds.), "IPCC Special Report on Carbon Dioxide Capture and Storage,"
    A Special Report of Working Group III of the Intergovernmental Panel on Climate Change,
    Montreal, Canada, 22-24 September 2005, Cambridge University Press, p, 199.
    1. 추출완료된 석유 및 가스 매장지 2. EOR용 $CO_2$ 주입, 3. 사용된 적 없는 대염수 층암,
    4. 경제성 없는 석탄층, 5. 고석탄층 메탄 회수에 이산화탄소 사용, 6. 기타
    이산화탄소가 주입되는 부분 중 옅은 색 부분이 주입된 부분, 점선은 이산화탄소의 주입 경
    로이다.

쉽게 유출되어 심해저 생태계를 교란시키고 파괴할 가능성이 크기 때
문에 몇몇 국제조약하에서 이미 금지되어 있다.[7] 이산화탄소는 지하
800m 이하의 자연 저장소(대염수층, 원유, 천연가스 매장지)에 주입되
면 비교적 안정적이고 표층으로의 유출가능성이 낮아지므로 지중저장
이 다른 저장법에 비하여 환경영향이 적고 저장 효율성이 높다.[8] 또한
원유추출 시 회수율증대(Enhanced Oil Recovery: EOR)를 위하여 이산
화탄소를 저장시킬 수도 있어서 경제성과 기후변화 대응에 동시에 기

7) 해저 저장이 일으킬 수 있는 환경문제에 관해서는 김정은, "한반도 주변수역에
   서의 이산화탄소 해저지중 저장에 대한 국제법적 규제에 관한 소고,"「2009 지해
   해양학술상 논문수상집」(한국해양수산개발원, 2009) 참고.
8) Bert Metz (et al.) (eds.), p. 6.

〈그림 2〉 대규모 이산화탄소 배출원과 저장 가능 지역

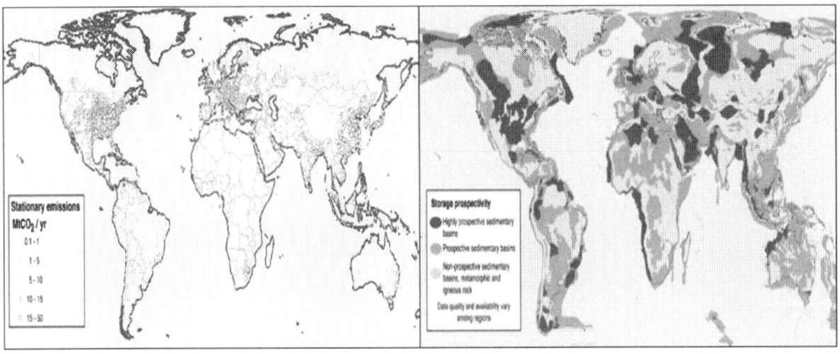

자료: Bert Metz (et al.) (eds.), "IPCC Special Report on Carbon Dioxide Capture and Storage," A Special Report of Working Group III of the Intergovernmental Panel on Climate Change, Montreal, Canada, 22-24 September 2005, Cambridge University Press, pp. 84, 94〉.10) *Ibid.*, p. 5.

여한다는 이유로 산업체의 참여율을 높일 수도 있다.[9]

관련 연구보고서들에 따르면 10만 톤 이상 이산화탄소를 배출하는 산업체만을 고려하였을 때 세계적으로 연간 13,466메가 톤의 이산화탄소가 배출되고 있으며 그러한 대규모 배출업체 수는 매년 증가하게 될 것이다(〈그림 2〉 왼쪽 지도 참고).[10] 이산화탄소를 전 세계 해저와 육상의 대염수층, 원유, 천연가스, 석탄 매장지 등에 저장하는 경우 총 저장가능한 양은 약 3,667기가 톤에 이른다(〈그림 2〉 오른쪽 지도 참고).[11] 실제 기술적으로는 총 이산화탄소 배출량의 20~40% 정도만 저장될 수 있으므로[12] 현재 10만 톤 이상 배출하는 모든 업체가 이산화탄소를 최

---

9) *Ibid.*

10) *Ibid.*, p. 5.

11) Terry Carter (et al), *Geological Sequestration of Carbon Dioxide: A Technological Review and Analysis of Opportunities in Ontario*, Climate Change Research Report CCRR-07, Ontario Minstry of Natural Resources (2007), p. 6.

12) Bert Metz (et al.) (eds.), p. 9.

대한 저장한다고 가정하였을 때 저장 가능량과 연간 배출량을 고려하면 앞으로 약 680년간 저장할 수 있는 저장소가 존재한다. 이러한 안전성과 지속가능성 때문에 많은 국가들이 이산화탄소의 지중저장에 관심을 가지고 다른 저장법보다 월등히 많은 연구 프로젝트를 진행시키고 있다. 이와 같이 이산화탄소의 지중저장이 다른 저장방법에 비하여 저장 후의 안전성이 높기는 하지만 이산화탄소 유출이 완벽히 차단되는 것은 아니며 특히 해저지중저장 후에 유출된다면 이를 감지하고 즉각 대응하는 것이 육상에서보다 더 어려워서 유출된 이산화탄소가 주변 해양생태계에 치명적인 영향을 미칠 때까지 적절히 대응하지 못할 수도 있다. 다음 절에서는 해저지중저장 시의 유출 가능성과 그러한 유출이 미치는 환경 영향에 대하여 소개할 것이다.

## 2. 해저 지중저장 시 이산화탄소 유출형태와 환경 영향

해저 지중저장의 대표적인 사례는 1996년 10월부터 노르웨이가 개시한 세계 최초의 상업적 이산화탄소 해저지중저장 프로젝트이다 (〈그림 3〉 참고).[13] IEA Greenhouse Gas R&D Programme은 Statoil사와 함께 1996년 노르웨이 근해의 북해에서 이산화탄소 저장 후의 모니터링과 연구 프로젝트를 개시하였으며, 현재까지도 Statoil 사는 Sleipner west 천연가스 매장지에서 이산화탄소를 분리 수송하여 800~1,000m 하부인 Utsira 대염수층에 저장하고 있다.[14]

이 사례에서와 같이 해저면에서 800m 이하인 저장소에 저장을 하면 다른 이산화탄소 처리법에 비하여 유출 위험이 적고 환경에 대한 안전성이 높은 편이다. 그러나 사전에 저장 후보지를 충분히 조사하고 평가

---

13) Terry Carter (et al.), p. 202.
14) *Ibid.*

〈그림 3〉 노르웨이 Sleipner 프로젝트

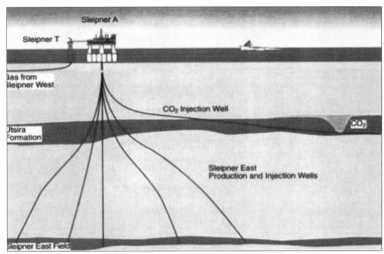

자료: Terry Carter (et al.), *Geological Sequestration of Carbon Dioxide: A Technological Review and Analysis of Opportunities in Ontario*, Climate Change Research Report CCRR-07, Ontario Minstry of Natural Resources, 2007, p. 202.

한 후 안전한 저장지를 선택했다 하더라도 이산화탄소의 유출가능성
은 항상 존재한다. 해저 지중저장과 관련한 이산화탄소의 유출은 크게
저장소에 주입과정 중의 유출과, 주입 후 시간이 경과하면서 발생하는
유출로 나눌 수 있다.[15] 주입 과정 중에 유출되는 경우는 이산화탄소를
운반하는 파이프가 부실하여 파이프에서 유출되거나, 주입시에 주입
정이 충분히 밀봉되지 아니하여 주입정 입구의 틈을 통하여 유출되는
경우가 있을 수 있다.[16] 주입 후에는 주입정의 입구가 적절히 밀봉되지

---

15) Annex 3 Risk Assesment and Management Framework for CO2 Sequestration in Sub-seabed Geological Structure, in Report of the Meeting of the SG Intersessional Technical Working Group on CO2 Sequestration, IMO, LC/SG-CO2 1/7, May 2006, pp. 6-7.

16) *Ibid.*

않은 경우 입구를 통하여 또는 지진파로 파괴된 덮개암(cap lock)을 통하여 또는 사전조사 때 미처 발견되지 않았던 단층의 틈을 통하여 유출될 수도 있다.[17] 이산화탄소가 유출되는 경우 해저 지층에 서식하는 미생물의 생태계에 치명적 영향을 줄 수 있으며, 빠른 속도로 많은 양이 한꺼번에 유출되는 경우에는 상부수역 생태계에도 치명적인 영향을 준다.[18] 이산화탄소가 해수에 용해되면 해수의 산성도를 높이며, pH 수치가 감소하게 되는데 이때 특히 표층 생태계가 큰 영향을 받을 수 있고, 이산화탄소 유출량이 누적되면 해양생물의 사망률이 높아진다는 연구 결과도 있다.[19]

이산화탄소의 소량 유출 또는 다량 유출이 표영, 중층, 저서 생태계 및 해저 지층의 생태계에 정확하게 어떠한 영향을 미치는지에 관해서는 연구가 더 수행되어야 한다. 그러나 이산화탄소의 유출이 어떤 방식으로든 해양 생태계에 부정적 영향을 미치고 어업과 같은 해양자원의 합법적 이용에도 큰 영향을 줄 수 있다는 것은 분명하다.[20] 이러한 잠재적인 환경문제의 발생 가능성 때문에 그린피스(Greenpeace)와 같은 환경 단체들은 IMO의 이산화탄소 해저 지중저장 관련 회의에 참석하여 저장에 반대 의견을 표시해 왔다.

해저 지중저장소의 모니터링 및 적절한 관리의 책임과 관련하여 국제적 협력과 논의가 필요하게 된 이유가 이 절에서 소개한 환경문제 유발 가능성 때문이며, 런던의정서 제6조의 개정안 논의 시에도 수출 이후 저장으로 발생할 수 있는 환경문제의 적절한 규제가 중요 이슈 중 하나로서 여러 국제법적 사안과 맞물려 등장하기도 하였다. 다음 절에서는 그러한 환경문제 관련 사안을 포함한 제6조의 개정안을 채택하는 과정에서 논의된 법적 사안들을 소개할 것이다.

---

17) *Ibid.*, p. 7; Bert Metz (et al.) (eds.), p. 13.
18) LC/SG-CO2 1/7, *ibid.*, p. 7.
19) Bert Metz (et al.) (eds.), p. 14.
20) LC/SG-CO2 1/7, p. 7.

# III. 런던의정서하의 해저 지중저장 규제

IMO의 1972년 해양투기방지협정은 1950년대 및 1960년대에 육상의 폐기물을 해양에 투기하여 처리하는 방법이 경제성과 편이성 측면에서 유리하여 인기를 끌면서 이를 규제하기 위하여 체결된 협정이다.[21] 해양투기가 선박을 통하여 발생함에도 IMO 협약 중 선박오염에 관한 협약(MARPOL 협약)하에서 규제하지 않고 별도의 협약을 체결하여 관리하는 것은 다른 형태의 선박오염과 달리 해양투기가 해당 항해의 주 이유가 되기 때문에 그러한 투기는 항상 의도적으로 발생할 수밖에 없으며, 육상 오염의 연장선상에 있다고 볼 수 있기 때문이다.[22] 이 협약 제정 초기에는 부속서 I의 블랙리스트에 포함되는 물질 즉 수은, 카드뮴 등의 중금속, 플라스틱, 고농축 방사성 폐기물, 부속서 II의 그레이리스트에 포함되는 물질 즉, 비소, 납, 구리, 아연, 살충제, 시안화물, 불화물, 블랙리스트에 포함되지 아니한 방사성 물질, 부속서 I과 II에 포함되지 아니하는 물질로 나누어 관리하였다.[23]

1993년에는 해양투기 규제를 더욱 강화시켜 모든 방사성물질의 해양투기, 유독한 액체폐기물의 해상 소각(incineration), 산업폐기물의 폐기가 이 협약하에서 차례대로 전면 금지되었다.[24] 특히 이산화탄소 해저 지중저장과 직접적인 관련은 없으나 이와 관련하여 주목할 만한 규제조치는 1990년 채택된 '방사성 폐기물의 해저 지중저장에 관한 구속력 없는 결의안'이다. 이 결의안에 따르면 선박을 통하여 방사성 폐기

---

21) R. Churchill and A. Lowe, *The Law of the Sea* (Manchester University Press, 1999), p. 329. 해양투기방지협약(Convention on the Prevention of Marine Pollution by Dumping of Wastes and Other Matter), 1972년 12월 29일 채택, 1975년 8월 30일 발효, *UNTS*, Vol.1046 I-15749, p.139.

22) Churchill and Lowe, pp. 329-330.

23) *Ibid.*, pp. 364-365.

24) *Ibid.*, p. 366.

물을 해저에 주입하거나 저장하는 것은 '해양투기'로 간주하여 이 협약의 적용을 받아야 하고, 해저터널을 통하여 폐기물을 이동시키는 것은 '해양투기'로 간주하지 않는다. [25)]

1972년 협약의 해양투기 불가 목록이 증가하여 투기가 허가되는 물질보다 금지되는 물질이 많아지자 이를 반영하여 협약과 반대로 투기 허용 물질을 제외한 모든 물질의 해양투기를 금지하고 준수 관련 규정을 강화한 런던의정서가 1996년 채택되었다. 런던의정서 제1조 4.1항에 따른 투기(dumping)란 '선박, 항공기, 석유 굴착 플랫폼, 기타 인공적인 해상 구조물로부터 폐기물이나 기타 물질을 의도적으로 해양으로 처분하는 행위'를 일컫는다. [26)] 런던의정서, 부속서 1에는 이러한 해양투기가 허가될 수 있는 물질이 명시되어 있는데, 원래는 분리, 포집된 이산화탄소가 투기허가 물질에 포함되지 않았으므로 이 물질의 투기가 금지되었다가 2006년 개정으로 분리 포집된 이산화탄소도 목록에 포함되어 해양투기가 허가되었다. 이산화탄소가 부속서에 포함된 이유는 협약 당사국들이 이산화탄소의 저장을 해양투기로 간주할 수 있으며, 그러한 저장이 런던 협약의 목적에 반하지 않는다고 판단했기 때문이다. 런던 협약의 목적은 해양오염을 일으키는 모든 물질의 해양처리를 방지하여 해양환경을 보호하는 것이고, 대기 중 이산화탄소 농도를 낮추는 포집 및 저장은 해수의 산성화 등을 방지하여 해양환경 보호에 필요하므로 협약의 목적에 반하지 않는다. [27)]

1990년 방사성 폐기물 관련 결의안의 내용과 달리 이산화탄소의 경

25) *Ibid.*, p. 366.
26) 런던의정서 제1조 4.1.1항.
27) Annex-Resolution LP.1(1) on the Amendment to Include CO2 Sequestration in Sub-seabed Geological Formations in ANNEX 1 to the London Protocol, in "1996 Protocol to the Convention on the Prevention of Marine Pollution by Dumping of Wasters and Other Matter(London Protocol 1996)-Notification of amendments to Annex 1 to the London Protocol 1996 (Adopted on 2 November 2006)," IMO, November 2006, LC.LP.1/Circ.5.

우 선박과 파이프라인 모두에 의해 저장지로 이동시켜 저장하는 것도 '해양투기'로 간주하고 이 의정서하에서 규제를 받도록 하였다.[28] 부속서 1에 따르면 분리 포집된 이산화탄소는 의정서 제2조 및 제3조의 해양환경보호에 관한 의정서의 목적과 의무에 준하여 해저 지중저장 되어야하며, 저장물이 대부분 이산화탄소만으로 구성되어 있어야 하고 기타 폐기물과 함께 투기되지 않아야 한다.[29] 의정서 제2조에 따르면 협약 당사국들은 해양투기 또는 소각으로부터 발생하는 모든 오염원으로부터 해양환경을 보호, 보전하고 그러한 오염을 예방 및 규제할 조치를 취할 의무가 있다.[30] 또한 제3조는 협약 당사국들이 예방적 접근법, 오염자의 오염처리 비용 부담의 원칙, 오염확산 방지의 원칙 등 기존의 국제환경법상 환경보호의 일반적인 원칙들을 해양투기 및 소각과 관련하여 발생하는 오염 처리에도 적용할 의무를 부과하였다.[31] 부속서 1에 명시된 물질을 해양투기 할 때에는 의정서 제4조 및 부속서 2에 명시된 허가 절차에 따라 해당 국가가 투기의 허가 및 허가 조건 등을 지정해야 한다.[32]

## 1. 런던의정서 제6조의 개정

런던의정서 제6조는 부속서 1에 따라 해양투기가 가능한 물질이라도 타국으로 반출시키는 것은 금지시키는 조항이다. 개정 전 제6조 조문은 다음과 같다:

---

28) IMO, "Rerpot of the 1st Meeting of the Legal and Technical Working Group on Transboundary CO2 Sequestration Issues," 8 March 2008, LP/CO2 1/8, p. 2.
29) 런던의정서, 부속서 1, 1.8 및 4.
30) 런던의정서 제2조.
31) 런던의정서 제3조.
32) 런던의정서 제4조, 1.2항.

"협약 당사국은 해양투기 또는 해상소각을 목적으로 폐기물 또
는 기타 물질을 타국으로 반출할 수 없다."

이 조항은 협약 당사국이 유해물질을 비협약 당사국으로 반출시켜
런던의정서의 규정에 적용받지 아니하고 처리하는 것을 방지하기 위
해 제정된 조항이다.[33] 분리 포집된 이산화탄소를 부속서 1에 포함하기
위한 2006년 개정안의 논의 시에 노르웨이가 이 조항도 이산화탄소의
포집 및 해저지중저장과 관련 있으며, 따라서 개정이 필요하다는 것을
제안하였었다.[34] 당시 노르웨이는 포집된 이산화탄소를 저장할 대규
모 저장소를 가진 국가가 세계적으로 많지 않고 소규모 저장소가 대다
수인데 적은 수의 대규모 저장소에 저장시키는 것이 관리하기 용이하
므로 이산화탄소의 반출이 필요하다고 하였다.[35] 그러므로, 이산화탄
소의 외국 반출을 금지시키는 제6조의 개정은 꼭 필요하다고 하였다.[36]
이 사안은 2006년 개정 당시 긴급하지 않은 것으로 취급되어 이후에 다
시 논의하기로 하였다가 2008년부터 공식적으로 논의되어 2009년 마침
내 개정안이 채택되었다. 2009년 개정된 제6조는 다음과 같다:

"1. 협약 당사국은 해양투기 또는 해상소각을 목적으로 폐기물
또는 기타 물질을 타국으로 반출할 수 없다.

2. 1항에도 불구하고 부속서 1에 따라 처분하기 위하여 포집된

---

33) Churchill and Lowe, p. 366. Patricia Birnie, Alan Boyle, Catherine Redgwell, *International Law & the Environment* (Oxford University Press, 2009), p. 446.
34) IMO, "CO2 Sequestration in Sub-seabed Geological Formations: CO2 Sequestration in Transboundary Sub-seabed Geological Formations," Fourth Meeting of Contracting Parties to the London Protocol, 26-30 October 2009, LC/31/5/1, p. 2.
35) *Ibid.*, p. 2.
36) *Ibid.*

이산화탄소를 반출하는 것은 관계 국가간 협약 또는 협정 등이 체결된 경우에 발생할 수 있다. 그러한 협약 또는 협정은 다음을 포함해야 한다:

.1 이 의정서 및 기타 관련 국제법에 의거하여 반출국과 반입국 사이에 허가할 책임을 확정하고 분담; 그리고

.2 비회원국에 반출하는 경우, 해당 협약 또는 협정이 이 의정서의 협약 당사국들의 해양환경을 보호하고 보전할 의무를 저해하지 않도록 보장하기 위하여 부속서 2의 규정을 준수하기 위한 허가 및 허가조건의 발급에 관한 조항들을 포함한 이 의정서에 포함된 규정과 최소한 동등한 수준의 규정.

그러한 협약 또는 협정을 체결한 협약 당사국은 IMO에 그러한 사실을 통보해야 한다. "[37)

이 조항은 기후변화에 대응하기 위하여 이산화탄소를 포집 저장할 목적으로 반출하는 경우에만 적용되며, 석유 생산성 증대를 위하여 주입하는 경우(EOR)에는 적용되지 아니한다.[38) 제6조의 개정 논의 시에 해저지중저장과 관련한 여러 법적 사안이 등장하였는데 그러한 법적 논의 내용은 다음과 같다.

### 1) 반출 대상국은 비회원국이어야만 하는가?

개정 전의 제6조는 회원국 또는 비회원국을 분명히 명시하지 않고 '타국에' 폐기물의 반출을 금지하고 있었으나, 국제법 학자들은 이 조

---

37) Resolution LP.3(4) on the Amendment of the London Protocol, Adopted on 30 October 2009, LC/LP. 1/Circ. 36.

38) LP/CO2 1/8, p. 2.

를 특히 비회원국에 해양투기 또는 소각을 위하여 폐기물을 반출하는 것을 금지하기 위해 채택된 규정으로 해석하였다.[39] 즉 런던의정서의 관할 밖으로 폐기물을 유출시켜 런던의정서 규정에 반하여 폐기물을 처리하는 것을 방지하기 위한 조항이라는 것이다.[40] 그러나 대부분의 의정서 당사국들은 제6조는 비회원국으로의 반출뿐만 아니라 회원국 간 반출에도 적용되는 것으로 해석해야 하며, 따라서 제6조의 개정시 회원국 간 반출을 허가한다는 규정도 포함시켜야 한다고 하였다.[41] 즉 당사국들은 이산화탄소의 대규모 해저 저장소가 없는 회원국이 그러한 저장소를 가진 비회원국뿐만 아니라 회원국에 이산화탄소를 반출하는 것도 제6조의 '반출'의 의미에 포함시켜야 하며, 개정 전 제6조에 의해 회원국 간 그러한 반출도 금지되었다고 보았다.

이러한 해석의 근거는 1994년 런던의정서의 초안 작성시에 제6조에 관한 논의 기록에 있는데, 이 기록에 따르면 제6조는 '특정 국가에 한하여 반출을 금지시키기 위한 조항이 아니다.'[42] 이 기록에서 '특정 국가'가 비회원국 또는 회원국 같이 유사한 특성을 가진 국가들의 단체를 의미하였는지, 어떤 한 국가에만 수출 금지를 차별적으로 적용하지 못하게 할 목적으로 사용된 용어인지는 분명하지 않다. 만일 한 국가에만 차별적인 수출금지 적용을 방지하는 것이 목적이었다면 그 기록이 제6조의 회원국 간 반출에의 적용 근거가 될 수는 없을 것이다. 이와 같이 법적 해석의 타당성에 관한 논란의 여지가 있음에도 불구하고 다수의 회원국의 해석을 반영하여 개정된 제6조 2항은 기후변화에의 대응 차

---

39) Churchill and Lowe, p. 366; Patricia Birnie, Alan Boyle, Catherine Redgwell, p. 446.
40) LC 31/5, p. 4.
41) IMO, "CO2 Sequestration in Sub-Seabed Geological Formations: CO2 Sequestration in Transboundary Sub-Seabed Geological Formations-Report of the Intersessional Correspondence Group on Transboundary CO2 Sequestration Issues," April 2009, LC 31/5, p. 4.
42) LP/CO2 1/8, p. 3.

원에서 이산화탄소를 비회원국으로 반출하는 것을 명백히 허용할 뿐만 아니라 회원국 간의 이동도 간접적으로 허용한다.

### 2) 반입국이 비회원국인 경우 의정서 이행을 어떻게 보장하는가?

제6조의 개정 논의시 반입국이 비회원국인 경우 회원국의 이산화탄소 반출이 허용되기 위해서는 반입국의 관련 법규가 최소한 의정서 규정과 동등한 정도여야 한다는 주장과 의정서의 관련 규정 준수는 반출국의 책임이라는 주장이 대립하였다.[43] 비회원국은 런던의정서를 이행할 권리 및 의무가 없으므로 회원국이 비회원국으로 이산화탄소를 반출하는 경우는 회원국인 반출국이 저장과정과 저장 후 모니터링 등을 런던의정서에 의거하여 이행하도록 보장할 책임을 지는 것이 정당하다. 이러한 책임은 제6조를 개정하는 결의안에 명시되어 있으며, 제6조 2.2항도 비회원국에 반출하는 경우에 런던의정서의 관련 규정에 따라 저장 및 모니터링되도록 하기 위하여 회원국과 비회원국이 적절한 협정을 맺고 그에 따라 반출 및 반입을 이행하도록 하였다.[44]

### 3) 누가 저장을 허가할 것인가?

의정서의 부속서 1의 물질을 해양투기 할 때에는 의정서 제4조 및 부속서 2에 따른 허가가 있어야만 한다. 의정서 제9조에 따르면 각 협약 당사국의 허가 당국은 자국의 영토 내에서 선적된 물질 및 비회원국의 영토 내에서 선적된 경우 자국에 등록되거나 국기를 게양한 항공기 또는 선박에 선적된 물질의 해양투기 또는 소각을 허가할 권리를 갖는다.[45] 제6조가 개정되기 전에는 투기허가 물질의 반출이 금지되었으므로 그러한 허가 발급 국가는 자국의 영토 내에서 선적되는 이산화탄

43) *Ibid.*, p. 5.

44) Resolution LP.3(4) on the Amendment of the London Protocol, Adopted on 30 October 2009, LC/LP. 1/Circ. 36, p. 1. 런던의정서 제6조 2.2.

45) 런던의정서 제9조 2항.

소의 경우 저장국, 선적국이며, 비회원국의 영토 내에서 선적되는 경우 기국이었다.[46] 그러나 제6조의 개정으로 타국에 저장할 수 있게 됨으로써 의정서 제9조에 따라 허가 발급 국가는 자국에서 선적한 경우 반드시 자국에 저장하지 않을 수도 있으므로 선적국 또는 비회원국에서 선적한 경우는 기국이 되어야 한다. 즉 저장에 대한 허가발급 책임은 우선적으로 폐기물을 선적하는 국가인 반출국의 정부에 있다. 이러한 책임을 회피하기 위하여 반출국이 비회원국의 항구에서 선적하더라도 이 경우에는 의정서 제9조 (2)항이 적용되어 역시 반출국인 기국이 허가 당국이 되도록 하여 런던의정서상의 의무이행을 회피하지 못하도록 하였다. 따라서 비회원국에 저장하는 경우 이산화탄소 저장을 허가할 국가는 항상 반출국이 된다.

런던협약 체제는 해양법협약뿐만 아니라 타협약 및 관습법에 따라 보완되어야 한다.[47] 런던의정서 제3조 4항에 따르면 런던협약과 의정서 규정은 해양투기 규제의 최저기준에 해당하므로 이를 이행하는 국가는 더욱 강력한 허가 조치 및 환경 보호조치를 취해도 무방하다. 따라서 의정서 규정 및 그에 따른 해양투기 허가는 유엔해양법협약에 의거한 기국 및 연안국이 적법하게 갖는 관할권, 주권, 주권적 권리에 의하여 해양투기를 허가할 권리를 침해하지 아니하며, 그러한 연안국 또는 는 기국의 해양 투기 허가 권리는 반출국의 허가와 상관없이 행사될 수 있다.[48] 해양법협약 제210조 (5)항에 따르면 외국의 EEZ 또는 대륙붕에 해양투기를 하기 위해서는 연안국의 사전승인(prior consent)을 받아야 한다.[49] 런던의정서에는 연안국 또는 반입국의 허가권리가 명시되어 있지 않지만 반입국의 대륙붕에 저장하기 위해서는 의정서에 따라 선

---

46) *Ibid*.
47) Birnie, Boyle and Ridgwell, p. 470.
48) *Ibid*.
49) 유엔해양법협약 (UN Convention on the Law of the Sea), 1982년 12월 10일 채택, 1994년 11월 16일 발효, *UNTS*, Vol. 1833, p. 3. 제210조 (5)항.

적국 또는 기국의 허가가 있었더라도 해양법협약에 따라 연안국(반입국)의 사전승인도 받아야만 한다.[50]

### 4) 두 국가 이상의 관할수역 이내에 위치한 저장소에 이산화탄소를 저장한 이후 동일한 저장소 내에서 인위적으로 저장위치를 이동시키는 경우도 '반출'인가?

하나의 거대 저장소가 두 개 이상의 국가의 관할수역에 걸쳐있는 경우 이산화탄소를 주입한 후에 주입한 이산화탄소를 인위적으로 같은 저장소의 인접국 측 공간으로 이동시키는 경우도 있을 수 있으며, 제6조의 개정 시에 이러한 이동에도 제6조가 적용될 수 있는지가 논의되었다. 특히 이 경우와 ⑤가 한국과 주변국의 이산화탄소 해저 지중저장과 관련하여 가장 먼저 발생할 가능성이 높은 시나리오인데 이에 관해서는 5에서 더 상세히 설명할 것이다. 이러한 이동이 기술적으로 가능한지는 아직까지 알려진 바가 없다. 어떠한 경우에 그러한 인위적인 위치 이동이 필요한지, 어떻게 이동시킬 수 있는지에 대한 기술적인 정보도 또한 알려진 바가 없다. 그러한 이동 기술에 따라 제6조의 적용 여부도 달리 해석될 여지가 있다. 현재로서는 한 저장소 이내에서 이산화탄소 저장위치를 이동시키는 것은 투기 또는 소각에 해당하지 않으며, 투기한 후에 일어나는 것으로밖에 볼 수 없으므로 폐기물의 해양투기 또는 해상소각을 위하여 반출하는 것을 금지시키는 제6조가 저장소 내의 위치 이동을 금지시키지 아니한다고 해석하는 것이 가장 그럴 듯하다.[51] 실제로 제6조에 관한 개정 논의시 저장소 내의 위치 이동은 제6조의 적용을 받지 아니하므로 논의 대상이 아니라고 해석하는 국가들이 더 많

50) *Ibid.*
51) IMO, "CO2 Sequestration in Sub-seabed Geological Formations: CO2 Sequestration in Transboundary Sub-seabed Geological Formations-Individual responses received by the Intersessional Correspondence Group on Transboundary CO2 Sequestration Issues," April 6 2009, LC 31/INF.2, p. 6.

았다.[52] 또는 그러한 이동에 관하여 독립적인 법규를 제정해야 한다고 보는 견해도 있었다.[53] 제6조의 개정에 관한 결의안 LP. 3(4)은 저장소 내의 이동은 '반출'로 해석할 수 없으며 따라서 그러한 이동이 제6조에 따라 금지되지 않는다고 결론을 내렸다.[54]

그러한 저장위치 이동이 제6조의 적용을 받지 않는다고 해석되었지만 제6조의 개정 논의 시 이 사안과 관련하여 한 저장소가 회원국과 비회원국의 관할수역 이내에 위치해 있고 회원국이 저장된 이산화탄소를 비회원국의 저장소로 위치이동 시킬 경우에 회원국이 그러한 이동의 전 과정에 의정서의 규정을 적용하도록 강제할 규정을 제정할 필요가 있다는 의견이 있었다.[55] 만일 이에 관한 독립적인 조항을 제정하게 된다면 런던의정서하에서 제정되어야 하는지, 그렇지 않다면 어떤 협정하에서 그러한 이동이 규제되어야 하는지를 우선 결정해야 할 것이다. 런던의정서는 해양투기 또는 해상소각에 의해 발생하는 해양오염을 규제하기 위한 것이기 때문에, 투기 후에 인위적으로 저장위치를 이동하였다가 발생하게 될지도 모르는 해양오염을 규제할 관할권이 있을 수 있는지는 의문이다.

### 5) 한 저장소 내에서의 이산화탄소 위치 이동이 자연적으로 발생하는 경우도 관리대상이 될 수 있는가?

저장된 이산화탄소의 위치 이동은 저장소 내에서의 이동이며 저장소 밖으로의 유출을 의미하지는 않는다.[56] 이산화탄소가 한 저장소에

---

52) LC 31/5, p. 5.

53) *Ibid.*

54) ANNEX 5-Resolution LP.3(4) on the Amendment to Article 6 of the London Protocol (Adopted on 30 October 2009), in "Report of the Thirty-First Consultative Meeting and the Fourth Meeting of Contracting Parties," IMO, November 2009, LC 31/15.

55) LP 31/5, p. 6.

56) LP/CO2 1/8, P. 2.

서 자연적으로 이동하는 것은 런던의정서하에서 관리될 수 없다고 보는 것이 올바른 해석일 것인데, 그 이유는 본 의정서가 유해물질의 '인위적인' 해양 투기 또는 소각만을 관할하기 때문이다. 제6조의 개정을 논의 시에 이러한 이동을 관리할 수 있는 국제법규로 지적된 것은 북동대서양 해양환경보호협약(Convention for the Protection of the Marine Environment of the North-East Atlantic: OSPAR 협약)의 제21조 및 이산화탄소의 지중저장에 관한 EU 지침 제24조이다.[57] OSPAR 협약 제21조는 한 협약당사국이 유발시킨 오염이 다른 협약당사국의 이익을 침해하는 경우에 피해 국가의 요청이 있을 시 가해국이 그러한 오염 해결에 관한 협력 협정을 체결하기 위한 논의를 개시할 의무를 부과하였다.[58]

EU의 지중저장 지침 제24조는 저장소가 두 개 이상의 국가에 위치해 있는 경우 지중저장으로 환경 문제가 발생하지 않도록 모든 관련 국가들이 협력하여 지침의 규정을 준수할 의무를 부과하였다.[59] 이들 규정은 그러나 이산화탄소의 자연적인 위치 이동 자체를 규제하지는 않으며, 그러한 자연 이동 후에 타국의 지층 밖으로 유출되어 해양오염을 유발시켰을 경우에 그러한 오염을 해결하거나 또는 그러한 유출 가능성에 대비하는 규정이다. 또한 한국과 주변 국가들은 OSPAR 협약의 당사국 또는 EU의 회원국이 아니므로 한반도 주변에 유사한 사례가 발생한다 해도 이들 규정의 적용을 받지 않는다.[60]

---

57) *Ibid.*
58) 북동대서양 해양환경보호협약(The Convention for the Protection of the Marine Environment of the North-East Atlantic), 1992년 9월 22일 서명, 1998년 3월 25일 발효, *UNTS*, Vol. 2354, p. 67.
59) 이산화탄소 지중저장에 관한 유럽연합 지침(Directive 2009/31/EC of the European Parliament and of the Council of 23 April 2009 on the geological storage of carbon dioxide and amending Council Directive 85/337/EEC, European Parliament and Council Directives 2000/60/EC, 2001/80/EC, 2004/35/EC, 2006/12/EC, 2008/1/EC and Regulation (EC) No 1013/2006), 채택 2009년 6월 5일, *Official Journal of European Union*, L140/114, 5.6.2009.
60) 김정은, p. 13.

## 2. 제6조의 개정에 내재된 문제점

제6조의 개정에 관한 논의 시에 독일은 이산화탄소의 반출을 고려하는 국가는 일차적으로 자국 내에서 저장소를 찾아야 하며 그러한 저장소를 찾을 수 없는 경우에만 반출해야 한다는 조문을 포함할 것을 제안하였으나 많은 국가들이 이에 반대하였다.[61] 실제 개정안 및 개정안을 채택한 결의안에도 그러한 노력이 선행되어야 한다는 조항은 찾을 수 없다. 따라서 선진국의 경우 저장소를 찾을 수 있음에도 불구하고 2에서 소개한 환경 문제가 자국 관할 해역에서 발생할 가능성을 근거로, 또는 기존의 해양자원 이용자들과의 조정 비용 등을 이유로 자국의 산업체가 외국에 이산화탄소를 반출하도록 장려할 가능성도 있다. 그러한 저장소를 가진 개발도상국 또는 후진국이 저장료 등의 수입을 위하여 외국의 저장을 적극 유치하게 된다면 결과적으로 이 조항이 '환경안보'를 목적으로 악용되어 후진국에만 미래의 환경문제를 과도하게 부담시키는데 이용될 가능성이 농후하다.

## IV. 제6조의 개정이 한반도 주변해역에서의 지중저장 이행과 관련하여 갖는 함의

제6조의 개정이 최초로 제안되었던 이유는 가능하다면 포집된 이산화탄소를 포집한 국가가 적절히 처리하는 것이 옳지만 그렇지 못한 경우에 차선책으로 이산화탄소의 반출을 허용하여 기후변화에 용이하게 대응하려는 것이었다. 현재 우리나라의 관할 수역 이내에는 울릉분지

---

61) LP/CO2 1/8, P. 4.

가 가장 유력한 저장소로 거론되고 있으며 서해 및 동해에도 적당한 저장소를 찾아내기가 불가능하지 않다.[62] 그러나 한국은 이산화탄소의 저장기술은 확보해 두었으나 포집기술은 개발하는 단계에 있어 해저 지중저장을 실제 시행하고 있지는 아니하다. 또한 정부가 이산화탄소 배출량의 감축에 지대한 관심을 갖고 기후변화에 적절히 대응하고자 노력을 하지만 한국에 기후변화협약이 부과하는 포괄적 의무 외에 구체적 의무는 부과되어 있지 않아서 해저 지중저장을 서둘러 이행해야 할 국제조약하의 의무가 없다. 따라서 한국에서의 이산화탄소 해저 지중저장은 충분한 시간을 갖고 연구와 저장소 탐사 및 안전도 평가를 거친 후 이행될 수 있을 것으로 보인다.

우리나라가 수년 내에 포집기술을 확보한다면 포집한 이산화탄소를 국내에 저장할 것인지 반출할 것인지를 결정하게 될 것이다. 제6조의 개정안을 채택한 결의안에 따르면 장거리 반출은 최소화해야 한다고 하였으므로, 이산화탄소 저장을 위해 반출하게 된다면 주로 주변국인 중국과 일본으로 반출할 것이다. 이들 국가에 반출하기 위해서는 우선 이들의 이산화탄소 반입 허용여부를 타진하고, 이들 국가의 해역에 저장되었다가 유출된다면 우리나라의 해양생태계에도 지대한 영향을 미칠 수 있으므로 한국이 저장소 선택과 모니터링에 참여할 수 있는지 반입국이 이를 위하여 적절한 기술 및 제도를 마련해 두고 있는지도 고려해야 한다. 따라서 우리나라가 이들 국가에 반출하는 것이 적절한지를 타진하는 데에도 상당한 시일이 걸릴 수 있다. 만일 국내에 저장하기로 결정한다면 기존의 해양자원 이용자들에게 저장의 필요성을 이해시키는 과정이 필요할 것이다. 저장소의 지정으로 인하여 기존의 해양자원 이용자들의 이용해역이 폐쇄될 수 있어 이용자들에게 경제적 피해를 입힐 수 있으며, 또는 이산화탄소의 유출로 해양생물자원이 감소되는 피해가 우려되어 이용자들이 반출을 선호하고 국내 저장에 반대할 수

---

62) 김정은, III. 2 참고.

도 있다. 따라서 국내저장을 성공적으로 이행하기 위해서는 이해관계자들에게 저장의 필요성을 설명하고 그들의 경제적 이익 감소율을 최소화할 안을 마련하여 이들이 저장에 협조하도록 노력해야 한다.

한편 한국이 중국과 일본 등의 주변국으로부터 이산화탄소를 반입받는 시나리오도 고려해 볼 수 있다. 현재 한국은 울릉분지 등의 저장소에 대한 연구 및 탐사를 진행하고는 있으나 이산화탄소를 반입하여 저장시킬 만큼 충분한 공간을 가지고 있는지는 의문이고, 저장으로 인한 환경영향 및 이해관계자들의 의견도 고려해야 하므로 우리나라가 주변국으로부터 이산화탄소를 반입하는 것은 쉽지 않을 것이다. 중국과 일본도 자국 내에 육상 저장소를 중심으로 많은 연구프로젝트를 진행 중이므로[63] 가까운 시일 내에 이산화탄소 반출국이 될 가능성은 없어 보인다.

이와 같이 한국과 주변국 간 이산화탄소 반입 또는 반출이 가까운 시일 내에 발생하게 될 가능성은 적어 보이나 한국과 주변국이 모두 국내저장과 관련한 프로젝트를 진행 중이므로, 제6조보다는 제6조의 개정 도중에 논의된 저장소에의 저장 후 위치 이동이 우리나라와 그 주변국에 가지는 의의를 검토하는 것이 더 시급할 수 있다. 이 절은 제6조의 개정에 관한 질의서에 대해 한반도 주변국인 일본 측이 답변한 사항을 분석하는 정도로 제6조에 관한 논의를 제한하고 주로 한반도 주변수역에 저장한 후의 위치 이동을 규제할 국제법에 관하여 논의할 것이다.

## 1. 제6조의 개정에 대한 일본 측 질의서 답변

IMO는 런던의정서 제6조의 개정을 준비하는 단계에서 이에 대한 의견을 협약당사국으로부터 듣기 위하여 2009년 1월 28일 질의서를 배포

---

63) *Ibid.*, p. 14.

하였으며, 당시 한국은 협약당사국이 아니었으므로(2009년 1월 22일 비준, 2월 21일 발효) 답변이 없었고 한·중·일 삼국 중 일본만 답변서를 제출하였다.[64] 일본 측 답변에 따르면 회원국 또는 비회원국으로의 이산화탄소 반출을 허가해야 하는 가에 대한 질문에 대해서 이산화탄소가 반입국의 관할 수역 이내에 저장된다면 런던의정서하에서 이를 허가해야 한다고 답변하였으며, 비회원국으로의 반출은 제6조(개정 전)의 적용을 받지 아니한다고 하였다.[65] 이산화탄소 저장 이후의 인위적인 저장위치 이동은 해양법협약 제246조의 과학조사 승인시스템과 동일한 규정이 포함되는 경우에 한하여 허가되어야 하지만 제6조(개정 전)의 적용을 받지는 아니한다고 하였다.[66] 이와 같이 몇 가지 응답을 제외하고는 일본 측의 질의서에 대한 응답은 전문성이 부족하고 답변하지 않은 질문이 많아 제6조 개정에 대한 일본 정부의 의견을 충실히 반영하였다고 볼 수는 없다. 그러나 자국과 주변국의 저장소 부족현상이 보고되지 않은 관계로 일본 정부가 이산화탄소의 지중저장을 위한 반출 또는 반입을 적극적으로 준비하지 않아도 되는 상황이라 답변이 상세하지 않은 것으로 해석할 수도 있겠다.

## 2. 저장 후의 저장위치 이동에 대한 논의의 함의

노르웨이는 제6조의 개정과 관련하여 이산화탄소 반출 방법의 여러 시나리오를 제시하였고 이 시나리오를 바탕으로 IMO는 (1)에서 설명한 질의서를 배포하였다. 그러한 반출 시나리오는 다음과 같다.

---

64) IMO, "1996 Protocol to the London Convention 1972-Overview of the Contracting States (status July 2010)" (http://www.imo.org 2011년 2월 7일 검색), LC 31/INF.2, p.1.

65) LC 31/INF.2, p.10, 12.

66) *Ibid.*, p. 14, 16.

1. 이산화탄소 주입 전에 외국(회원국 또는 비회원국)으로 수송;
2. 이산화탄소 주입 후에 의도적으로 저장소 내에서 이동 (회원국 또는 비회원국 측 저장소로);
3. 저장 후에 자연적인 저장소 내의 이동.[67]

이들 중 1번 시나리오에 의한 반출보다는 이산화탄소 저장 후 저장 위치가 인위적으로든 자연적으로든 이동하는 것이 한국과 주변국 사이에 가장 먼저 발생 가능성이 높은 시나리오이다. 저장 위치의 이동 자체가 문제가 되지는 아니하며 위치 이동 후에 유출되었을 때 환경 문제를 야기시키기 때문에 한반도 주변수역에서 그러한 위치 이동이 인위적으로 발생하였을 때 적용될 국제법과 이산화탄소가 유출되었을 때 적용될 국제법에 관하여 고찰해 둘 필요가 있다.

3에서 확인한 바와 같이 여러 협약 당사국들은 이산화탄소 저장 후의 이동은 해양투기 또는 소각으로 볼 수 없으므로 런던의정서가 그러한 저장 후의 이동은 관할하지 아니한다고 해석하였다. 해양 관리 및 보존에 관한 포괄적인 법률을 제공하는 유엔해양법협약의 Part XII, Section 1은 해양 환경오염 예방조치를 취할 포괄적인 의무를 부과하며 특히 제194조 (2)항은 협약 당사국의 관할권 이내의 활동으로 인한 오염이 타국으로 확산되지 아니하도록 보장할 모든 조치를 취할 의무를 부과하였으므로 이산화탄소 해저 지중저장이 인접국의 해양환경에 미칠 수 있는 영향에 관하여 적용될 만하다.[68] 이러한 포괄적 의무에 더하여 협약 제208조는 연안국이 자국의 대륙붕에서 시설물을 통하여 해저 활동(seabed activities)을 하는 경우에 해양오염을 예방할 모든 조치를 취할 법규를 채택할 보다 구체적인 의무를 제공하였다.[69] 만일 해저저

---

67) LC 31/5, p. 3.
68) 유엔해양법협약 제194조 (2)항.
69) 유엔해양법협약 제208조 (1)항.

장소 내에서의 인위적 위치 이동이 '해저활동'의 일종으로 분류될 수 있다면, 이 조항이 이산화탄소의 저장소 내 인위적 이동을 관리하는 데 적용될 수도 있을 것이다. 이러한 조항들은 그러나 인위적인 저장 위치 변경 자체를 금지시키지는 아니하며 그러한 위치 변경 후에 발생할 수 있는 유출을 예방할 모든 조치를 취할 의무만을 부과한다. 만일 그러한 예방조치를 충분히 취했음에도 이산화탄소 유출이 발생한다면 유출로 인한 피해보상을 피해국이 저장 위치 변경국 또는 저장국에 요구할 국제법적 근거는 부족하다.

예를 들어, 국가 책임에 관한 조약(State Responsibility) 초안에 따르면 국가의 모든 국제적인 불법행위(wrongful act)에 대해서는 국제적인 책임이 따르는데, 그러한 불법행위란 해당 국가가 국제법적인 의무를 불이행함으로써만 성립될 수 있다.[70] 저장국이 저장된 이산화탄소를 이동시킨 후 유출을 예방할 모든 가능한 조치를 취했다면 관련 국제법적 의무를 이행했다고 볼 수 있으므로 이후에 유출이 발생한다 하더라도 국제적인 불법행위의 결과로 볼 수 없으며 따라서 그러한 유출에 대해서는 국제적인 책임이 따르지 아니한다. 이러한 국가책임 원칙의 예외가 미국과 캐나다 간에 발생한 *Gut Dam arbitration*이다.[71] 이 사례에서 보면, 캐나다는 세인트 로렌스강에 댐을 건설하였는데 건설 도중에 자연재해가 겹쳐 미국 측에 홍수를 야기시켰다.[72] 캐나다가 댐 건설시 건설 규정을 위반하여 발생한 홍수가 아니고 댐 설계시 건설 중에 자연재해로 인한 홍수를 예측하지 못했던 것이지만 중재재판소는 캐나다가 미국에 거액의 보상금을 지급할 것을 권고했다.[73] 이러한 국가책

---

70) Draft Articles on Responsibility of States for Internationally Wrongful Acts with commentaries, *Yearbook of International Law Commission*, 2001, Vol. II, Part Two, UN, Document A/56/10. 제1조, 제2조 (2)항.
71) Malcolm Shaw, *International Law*(Cambridge University Press, 2003), p. 763.
72) *Ibid*.
73) *Ibid*.

임 원칙의 예외적인 적용이 발생한 것은 중재재판소가 그러한 원칙을 무시한 것이 아니라 미국이 캐나다와 댐 건설 이전에 그러한 경우에 대한 보상 규정을 포함하는 협정을 체결해 두었기 때문이다.[74] *Gut Dam arbitration*의 사례에서 미국과 캐나다간의 협정이 없었더라도 캐나다가 보상을 해야만 했다는 엄격한 보상 원칙을 주장하는 학자도 있으나, 이러한 원칙이 재판 사례별로 일정하게 적용되어 오지 않았으므로 국제법의 일반원칙으로 자리 잡았다고 보기는 어렵다.[75]

대부분의 환경 관련 국제조약법에서는 조약법의 충실한 이행(due diligence) 기준이 엄격한 보상을 대신한다.[76] 해양환경보호와 관련한 조약들을 예로 들자면, 유엔해양법협약 제194조에 명시된 '모든 필수적인 예방조치를 취할 의무'가 그러한 충실한 이행 기준을 적용한 예이다. 이산화탄소의 이동 전후로 충분한 예방조치를 취했음에도 유출이 발생한다면 해당국이 관련 국제법적인 의무를 충실히 이행한 후에 발생한 것으로 간주해야 하며, 국가 책임에 관한 조약 초안 제31조 가해국의 피해보상 책임을 적용하거나, 기타 해양 관련 국제조약법을 적용하여 보상을 강제할 수는 없다.

유사한 다른 관련 국제법의 예를 들면, 여러 국제법 판례, 예를 들면 *Trail Smelter case*나 *Corfu Channel case*에서 한 국가의 영토에서 배출한 오염원 등이 인접국에 피해를 입혔을 때 '어떤 국가도 다른 국가에 의도적으로 심각한 피해를 줄 수 있는 방법으로 또는 다른 국가의 권리에 반하는 행동을 위하여 해당 국가의 영토를 사용하거나 사용할 허가를 제공할 권리가 없음'의 원칙이 적용 되었다. 이 원칙은 유엔해양법협약 등에 명문화되어 있으므로 그러한 협약의 규정과 국제법 판례를 근거로 다른 국가에 해가되는 행위를 자국 국민이 하도록 허가해서는

---

74) *Ibid.*
75) *Ibid.*
76) *Ibid.*

아니 된다는 관습법이 성립되어 있는 것으로 주장할 수도 있을 것이다. 이 원칙을 저장된 이산화탄소의 이동에 적용하면 위치 이동은 다른 국가의 관할 수역 보호 권리 또는 생물자원을 이용할 배타적 권리에 반할 수 있는 방법으로 저장국의 관할 수역을 사용하는 것이므로 저장국은 그러한 이동을 허가해서는 아니 된다고 할 수 있다.

그러나 상기한 두 사례들은 충실한 이행 후에 우발적으로 발생한 사고가 아니며, 상기한 원칙은 매우 포괄적이기 때문에 모든 예방 조치를 취한 경우 해저지중저장 후 인위적 또는 자연적 이동 및 유출을 금지하거나 보상하는데 적용될 구체적인 법적 근거가 되기는 어렵다. 따라서 현재 국제법상 이산화탄소 해저 지중저장 이후에 인위적 또는 자연적 위치 이동을 금지시킬 법규 및 그러한 위치 이동 후에 모든 예방조치를 취했을 경우 유출로 인한 피해보상을 강제할 법규는 존재하지 않는다고 보아야 한다.

따라서 제6조의 개정을 논의하던 당시에 몇몇 국가들은 그러한 관련 국제법의 부재를 지적하고, 여러 국가가 한 저장소를 공유하는 경우는 한 국가가 다른 국가의 저장소로 이동시킬 목적으로 저장한다면 그러한 주입이 주입국 단독으로 결정되어서는 아니 되며, 공유 저장소에 저장할 때는 위치 이동할 계획이 없더라도 저장소를 공유하는 다른 국가들에게 저장 전에 이에 관해 사전 통보를 하여 혹시 발생할 수 있는 자연적인 위치 이동에 대비할 시간을 주어야 하며, 이를 위해 따로 규정을 제정할 필요가 있음을 지적하였다. 한국은 일본 또는 중국과 해저 저장지를 공유할 가능성이 있으나 그러한 경우에 적용될 수 있는 국제법이 부재하므로 포집 연구 프로젝트를 진행하고 있는 현 시점부터 주변국들과 이에 관한 구체적인 논의를 시작할 필요가 있다 하겠다.

# V. 결론

최근 런던의정서 제6조가 개정되어 지구온난화의 주범인 이산화탄소를 저장할 대규모 저장소가 없는 국가의 이산화탄소 저감을 돕기 위하여 포집된 이산화탄소를 외국에 반출하는 것이 허용되었다. 한국은 현재 해저지중저장을 시행하고 있지는 않고 이산화탄소 포집 기술을 개발하는 단계에 있으며, 이산화탄소를 저감할 특정 목표량이 기후변화협약하에서 지정되어 있지 아니하므로 제6조가 개정되었다고 해도 가까운 시일 내에 반출을 개시해야 할 의무가 없다.

만일 한국이 포집 기술을 갖게 되어 국내 저장지에 저장한다면 기존의 해양자원 이용자들의 경제적 손실 보상 문제를 해결해야 할 것이며, 이산화탄소를 반출한다 해도 역시 반입국의 해양자원 이용자들과 반입국 정부 사이의 이용 해역에 대한 보상 문제 등이 해결되어야 하며, 유출로 인한 한국 해역으로의 환경 영향 가능성을 고려해야 하고, 반입국이 충분한 모니터링 기술력을 가지고 지속적으로 관리 감독하는지 체크해야 한다. 반출시에 외국 정부와 맺는 저장 및 환경보호에 관한 협정에 소요되는 시간까지 고려하면 현재 국내 저장지에 저장을 위한 프로젝트가 진행 중인 이상 국내 저장이 반출보다 일찍 발생하게 될 가능성이 높다.

따라서 직접 반출보다는 제6조의 개정 시 논의 되었던 저장지를 여러 국가가 공유하는 경우에 이산화탄소의 저장 장소 내의 인위적, 자연적 위치 이동과 그 이후 유출되는 경우가 한국과 주변국에 발생할 가능성이 더 높으며 이 논문은 그러한 경우에 한국과 주변국에 적용될 수 있는 국제법을 검토하였다.

이 글은 그러한 이동 또는 유출에 대비하여 모니터링, 저장에 대한 사전통보 책임, 관리 책임 등을 어느 국가가 가져야 하는지와 피해가 발생하였을 때 피해국이 가해국에 보상을 요구할 법적 근거를 명확히

해 둘 필요가 있음에도, 그에 관해 한반도 주변 국가들에 적용할 국제
법규가 부재하다는 점을 지적하였다. 그렇기 때문에 우선 한반도 주변
국가들과 그러한 저장소 공동관리 또는 모니터링과 유출시의 피해보상
에 관한 협약을 체결하기 위한 논의를 시작하는 것이 시급하다는 결론
을 내렸다.

## 법률 및 조약

- 북동대서양 해양환경보호협약(The Convention for the Protection of the Marine Environment of the North-East Atlantic): 1992년 9월22일 서명, 1998년 3월 25일 발효, UNTS, Vol. 2354, p. 67.
- 이산화탄소 지중저장에 관한 유럽연합 지침Directive 2009/31/EC of the European Parliament and of the Council of 23 April 2009 on the geological storage of carbon dioxide and amending Council Directive 85/337/EEC, European Parliament and Council Directives 2000/60/EC, 2001/80/EC, 2004/35/EC, 2006/12/EC, 2008/1/EC and Regulation (EC) No 1013/2006), 채택 2009년 6월 5일, *Official Journal of European Union*, L140/114, 5.6.2009.
- 유엔해양법협약(UN Convention on the Law of the Sea): 1982년 12월 10일 채택, 1994년 11월 16일 발효, *UNTS*, Vol. 1833, p. 3.
- 해양투기방지협약(Convention on the Prevention of Marine Pollution by Dumping of Wastes and Other Matter): 1972년 12월 29일 채택, 1975년 8월 30일 발효, UNTS, Vol.1046 I-15749, p.139.
- 해양투기방지협약에 대한 1996년 의정서(Protocol of 1996 to the Convention on the Prevention of Marine Pollution by Dumping of Wastes and other Matter): 1972, 1996년 11월 7일 채택, 2006년 3월 24일 발효, 2006년 11월 2일 개정안 채택, 2007년 2월 10일 발효, IMO Doc. LC/SM 16.
- Draft Articles on Responsibility of States for Internationally Wrongful Acts with commentaries, *Yearbook of International Law Commission*, 2001, Vol. II, Part Two, UN, Document A/56/10.

# 참고문헌

김정은. "한반도 주변수역에서의 이산화탄소 해저지중 저장에 대한 국제법적 규제에 관한 소고." 『2009 지해 해양학술상 논문수상집』 (한국해양수산개발원, 2009).

홍기훈·박찬호·김한준. "이산화탄소 해저지질구조 격리: 기술현황과 제도 예비 검토." 『한국해양환경공학회지』8 (2005).

Annex 3 Risk Assesment and Management Framework for CO2 Sequestration in Sub-seabed Geological Structure, in Report of the Meeting of the SG Intersessional Technical Working Group on CO2 Sequestration, IMO, LC/SG-CO2 1/7, May 2006.

Annex-Resolution LP.1(1) on the Amendment to Include CO2 Sequestration in Sub-seabed Geological Formations in ANNEX 1 to the London Protocol, in "1996 Protocol to the Convention on the Prevention of Marine Pollution by Dumping of Wasters and Other Matter(London Protocol 1996)-Notification of amendments to Annex 1 to the London Protocol 1996 (Adopted on 2 November 2006)." IMO, November 2006, LC.LP.1/Circ.5.

ANNEX 5-Resolution LP.3(4) on the Amendment to Article 6 of the London Protocol (Adopted on 30 October 2009), in "Report of the Thirty-First Consultative Meeting and the Fourth Meeting of Contracting Parties." IMO, November 2009, LC 31/15.

Bert Metz et al., eds. "IPCC Special Report on Carbon Dioxide Capture and Storage." A Special Report of Working Group III of the Intergovernmental Panel on Climate Change, Montreal, Canada, 22-24 September 2005, Cambridge University Press.

Birnie, Patricia, Alan Boyle, Catherine Redgwell. *International Law & the Environment* (Oxford University Press, 2009).

Carter, Terry et al. *Geological Sequestration of Carbon Dioxide: A Technological Review and Analysis of Opportunities in Ontario.* Climate Change Research Report CCRR-07, Ontario Minstry of Natural Resources (2007).

Churchill, R., and A. Lowe. *The Law of the Sea* (Manchester University Press, 1999).

IMO. "CO2 Sequestration in Sub-seabed Geological Formations: CO2 Sequestration in Transboundary Sub-seabed Geological Formations." Fourth Meeting of Contracting Parties to the London Protocol, 26-30 October 2009, LC/31/5/1.

_____. "CO2 Sequestration in Sub-Seabed Geological Formations: CO2 Sequestration in Transboundary Sub-Seabed Geological Formations-Report of the Intersessional Correspondence Group on Transboundary CO2 Sequestration Issues." April 2009, LC 31/5.

_____. "CO2 Sequestration in Sub-seabed Geological Formations: CO2 Sequestration in Transboundary Sub-seabed Geological Formations-Individual responses received by the Intersessional Correspondence Group on Transboundary CO2 Sequestration Issues." April 6 2009, LC 31/INF.2.

_____. "Rerpot of the 1st Meeting of the Legal and Technical Working Group on Transboundary CO2 Sequestration Issues." 8 March 2008, LP/CO2 1/8.

_____. "1996 Protocol to the London Convention 1972-Overview of the Contracting States (status July 2010)," (http://www.imo.org 2011년 2월 7일 검색) LC 31/INF.2.

Malcolm Shaw. *International Law* (Cambridge University Press, 2003).

Resolution LP.3(4) on the Amendment of the London Protocol, Adopted on 30 October 2009, LC/LP. 1/Circ. 36.

제3장

# 해양시비사업에 대한 민간, NGO, IGO, 생물다양성협약의 동향 (토론문)

**박수진** | 한국해양수산개발원

## I. 해양시비에 대한 민간사업의 동향

해양생물의 대기 중 이산화탄소 흡수 기작과 해양탄소 순환에 대한 홍기훈 박사님의 발표가 인상적이었습니다. 해양에서의 이산화탄소 흡수과정에 대해 이해할 수 있는 기회였습니다. 해양시비사업은 해양 표면에 영양물질을 공급하여 식물플랑크톤 성장을 촉진함으로써 발생한 탄소분량을 탄소상쇄나 교토의정서상 크레딧(credit)으로 판매하고자 하는 것이라는 홍기훈 박사님의 지적에 동의합니다.

2008년 홍기훈 박사님께서 발표하신 논문에 따르면, 존 마틴(John Martin)의 '해양철분시비 가설(The Iron Hypothsis)'에 의거하여 민간사업자는 식물 플랑크톤을 대량번식시켜 대기 중의 이산화탄소 함량을 감소시킴으로써 온실가스 배출을 감축시킬 수 있다는 것이 해양시비 사업을 진행하고 있는 것으로 판단됩니다.[1] 즉, 미국 플랑크토社 (Planktos Co.), 클라이모스社(Climos Co.) 등 민간 기업은 해양시비를 통해 교토의정서 청정개발메커니즘(CDM)상 탄소배출권을 획득하여 판매하려고 노력하고 있습니다.


## II. 해양시비에 대한 국제 NGOs의 활동


해양시비에 대하여 세계자연보전연맹(IUCN)과 국제그린피스는 해양철분 시비사업에 대한 상업적 관심의 증가에 우려를 표명하면서, 해양시비를 통한 이산화탄소 저감효과가 불명확하고 해양환경이나 해양생물다양성에 미칠 수 있는 영향에 대한 검토가 필요하다고 주장하고 있습니다. 2008년 생물다양성협약(Convention on Biological Diversity: CBD) 제9차 당사국회의의 정부대표단의 일원으로 참여했을 당시 그린피스가 해양시비에 대한 우리나라의 입장에 대해 물어온 적이 있었습니다. 해양시비 문제는 해양생물다양성 또는 해양생태계에 미치는 영향과 관련하여 생물다양성협약에서도 중요한 의제로 논의되고 있었기 때문입니다. 이와 관련하여 향후 해양시비가 생물다양성에 미치는 영향, 해양시비를 통한 탄소격리분량의 자발적 탄소시장에 도입가능

---

1) 1975년 해양학자 존 마틴(John Martin)이 식물성 플랑크톤이 광합성 과정에서 대기 중의 이산화탄소를 고정하고, 고정된 이산화탄소 중 일부는 해저로 가라앉게 되고 심해에 가라앉은 생물체가 분해되어 다시 이산화탄소를 대기로 배출하는데 1,000년 이상의 시간이 소요된다는 점에 기초한 가설을 발표하였다. 홍기훈·손효진, "해양철분 시비사업의 국제 관리체제 예비분석," 『한국해양환경공학회지』 제11권 제3호(2008), p. 140.

성 등을 종합적으로 검토하여 우리나라의 입장을 정하는 노력이 필요
하다고 판단됩니다.


## III. 생물다양성협약상 해양시비에 대한 논의동향

생물다양성협약에서는 생물다양성과 기후변화에 관한 많은 결정
문을 채택하여 왔으며, 당사국회의는 2001년에 기후변화협약 프로
세스에 기후변화와 생물다양성과의 관계에 관한 정보를 제공하기 위
하여 '생물다양성과 기후변화에 관한 특별기술전문가그룹(Ad Hoc
Technical Expert Group on Biodiversity and Climate Change)'을 설치
하였습니다.

동 특별기술전문가그룹회의에서는 기후변화 관련 활동이 생물다양
성에 미치는 부정적인 영향을 검토하고, 기후변화 저감과 완화에 있어
서의 생물다양성의 역할과 기후변화와 생물다양성 간 공동 편익을 달
성할 수 있는 기회에 대해 분석하고 있습니다.

2010년 10월 일본 나고야에서 개최되었던 제10차 당사국회의에서
는 생물다양성과 기후변화에 관한 특별 기술전문가그룹의 제2차 보
고서(UNEP/CBD/SBSTTA/14/INF/21)에 주목하면서, '생물다양성에
대한 기후변화영향평가(Assessing the Impacts of Climate Change on
Biodiversity)'를 실시할 것을 촉구한 바 있습니다.


## 1. 해양시비의 개념과 논의 배경

'해양시비(ocean fertilization)' 문제는 생물다양성협약상 기후변

화 관련한 주요 논의 중 하나입니다. 해양시비에는 '철 시비(iron fertilization)', '인 시비(phosphorus fertilization)', '질소 시비(nitrogen fertilization)', '심해수 용승(upwelling of deep sea water)' 등이 있습니다.

IPCC는 철분 시비(iron fertilization)가 식물성 플랑크톤의 성장을 활성화하여 $CO_2$를 '유기탄소 미립자(particulate organic carbon)' 형태로 격리함으로써 $CO_2$를 제거할 수 있다는 점을 들어 기후변화 대응을 위해 검토 가능한 전략이라고 제안하였습니다. 그러나 IPCC는 철분 시비에 상당한 불확실성이 존재하고 있고, 다양한 환경적 부작용에 대한 검토가 아직 이루어지고 있지 않았기 때문에 신중한 접근이 필요하다는 점을 함께 지적하였습니다.[2]

## 2. 해양시비에 대한 SBSTTA 건의사항

CBD 해양시비에 관한 과학기술자문회의에서는 해양시비가 해양생물다양성에 미치는 영향에 대한 건전하고 객관적으로 증명가능한 과학적 데이터가 부족하기 때문에 관련 연구가 필요하며, 신중한 접근이 필요하다는 결론을 내렸습니다. 그 근거는 다음의 다섯 가지입니다.

첫째, 해양시비가 한정된 기간 동안 특정 영양소가 부족하여 플랑크톤 성장을 제한하는 특정 해양지역에서 기본적인 생산성(primary production)을 향상시킬 수 있다는 점은 사실이지만, 이러한 지역이 외해에 위치해 있고, 자연환경 조건, 해양생물체 및 공동체에 대한 지식이 제한되어 있기 때문에 해양시비로 인한 단기 및 장기변화, 그로 인한 영향을 측정하고 모니터링할 수 있는 기준선을 결정하기 어렵다.

---

2) Secretariat of CBD, "Scientific Synthesis of the Impacts of Ocean Fertilization on Marine Biodiversity," *CBD Technical Series*, No. 45 (2009).

둘째, 해양시비는 의도적으로 해양환경의 화학적, 생물적 프로세스를 변경시키는 것이므로, 글로벌 탄소순환에서의 해양의 역할에 대한 근본적인 불확실성과 의문이 있다.

셋째, 해양시비가 해양생물다양성 등에 미치는 영향의 범위와 기간은 해양생물과 공동체가 환경변화에 대해 대응하는 것에도 영향을 받으므로 장기적인 모니터링이 필요하다. 그러나 대규모 해양시비가 해양먹이사슬의 상위단계에 미치는 중장기적인 영향에 대한 연구는 미흡한 실정이다.

넷째, 현재 진행 중인 대부분의 해양시비 관련 연구는 해양시비가 플랑크톤 성장을 가능하게 하는지와 인위적으로 활성화된 플랑크톤 성장의 역학 등에 관한 연구이다. 이러한 연구의 결과를 통해 해양시비가 해양생물다양성에 미치는 실제적인 영향을 모니터링하고 이에 대한 데이터를 제공하기에는 부족하다.

다섯째, 보다 심도 깊고 구체화된 연구와 해양생물 지질화학적 프로세스에 대한 보다 나은 수학적 모델을 기반으로 하는 연구가 필요하다. 또한, 해양생태계의 역학과 글로벌 탄소순환과정에서의 해양의 역할을 이해하기 위한 연구도 필요하다.[3]


## 3. 생물다양성협약 당사국에서의 해양시비 논의동향

2008년 생물다양성협약 제9차 당사국회의 결정문에서는 당사국들과 기타 국가들이 사전예방접근법에 따라 위험에 대한 평가를 포함한 해양시비 활동을 정당화할 수 있는 충분한 과학적 근거가 마련되고, 이러한 활동을 효과적으로 통제하고 규제할 수 있는 범지구 차원의 투

---

3) SBSTTA 14 recommendations XIV/3 regarding ocean fertilization and ocean acidification (advanced copy attached).

명한 메커니즘이 수립될 때까지 해양시비활동을 실시하지 않을 것을 촉구하였습니다. 다만, 연안 지역에서의 해양시비에 대한 소규모 과학 조사는 예외로 하였습니다.

그러나 소규모 과학조사의 경우에도 특정한 과학적 데이터를 수집 하기 위한 필요성에 의해 정당화될 때에만 허가되어야 하며, 동 연구 가 해양 환경에 미치는 영향에 대해 사전 평가가 철저하게 시행되어야 할 것을 조건으로 언급하였습니다. 그리고 해양시비에 대한 소규모 과 학조사는 엄격하게 통제되고, 탄소 배출권 거래나 기타 상업적 목적으 로 이용되지 않아야 한다는 점도 분명히 했습니다.[4]

또한, 국제해사기구(IMO)의 역할을 고려하여, 사무총장으로 하여금 당사국들과 기타 국가들의 견해를 파악하고, 국제해사기구, 기타 관련 국제기구, 원주민과 지역 공동체와 협의하여 해양시비가 해양생물다 양성에 미치는 영향에 대한 과학적 정보를 수집·종합하고, 동 정보를 제10차 당사국회의 이전에 과학기술자문회의(SBSTTA)에서 검토할 수 있도록 준비할 것을 요청하였습니다.

제9차 생물다양성협약 당사국회의에서는 '폐기물투기에 의한 해양 오염 방지에 관한 런던협약(1972)'과 '1996 런던의정서'의 활동에 주 목하고, 2007년 11월 5~9일 동안 열렸던 제29차 런던협약/96런던의 정서의 과학기술자문회의에서 내린 세 가지 결정을 환영한 바 있습니 다. 즉, i) $CO_2$ 분리를 위한 해양의 철분 시비(iron fertilization)에 대한 2007년 6월의 생물다양성협약의 중요한 성명을 승인한 것, ii) 대규모 해양시비를 실시하는 경우에는 개별국가들에게 최대한의 주의를 기울 이도록 권고한 것, iii) 대한 현재의 지식수준을 감안할 때 대규모 해양 시비는 정당화되지 않는다는 입장을 취한 것입니다.[5]

---

4) CBD Decision IX/16 Ocean Fertilization.
5) CBD Draft decision submitted by the Chair of Working Group I- Biodiversity and climate change.

당사국회의에서는 해양시비와 관련된 모든 측면을 다룰 수 있는 신뢰성 있는 자료가 현재 존재하지 않기 때문에 해양시비의 잠재적인 위험성을 평가할 수 있는 적절한 근거가 없음을 인정하였습니다. 또한 당사국과 비당사국 정부에게 '사전예방적 접근(precautionary approach)'을 취할 것과 해양시비 활동을 정당화할 수 있는 충분한 과학적 근거가 규명되어야 한다는 점을 강조하였습니다.

더 나아가 당사국회의에서는 범지구적이고, 투명하고, 효과적인 통제 및 규범체계가 마련될 때까지는 해양시비활동을 하지 않겠다는 보장을 촉구하였습니다. 더불어 해양시비 관련 연구는 과학적 자료를 수집할 필요성이 있을 때에만 정당하다고 인정되어야 하며, 연구활동 또한 해양환경에 미치는 잠재적 영향을 사전적으로 엄격하게 평가되고 통제받아야 한다고 결의하였습니다. 특히, 탄소배출권을 만들어 판매하거나 다른 상업적 목적을 위해 해양시비활동이 이용되어서는 안 된다는 점을 명확히 하였습니다.

생물다양성협약 당사국회의의 이러한 논의결과는 교토의정서상 탄소크레딧으로 인정받고자 하는 민간사업자의 의도와는 상반되는 것입니다. 생물다양성협약과 교토의정서, 런던의정서에 모두 당사국으로 참여하고 있는 우리나라는 관련 부처 및 전문가의 의견을 종합하여 해양시비에 대한 국가대응전략을 시급히 마련해야 할 것입니다.


# IV. UNESCO/IOC에서의 논의동향


2008년에 개최된 UNESCO/IOC의 '해양시비에 관한 특별자문그룹(Ad Hoc Consultative Group on Ocean Fertilization)'에서는 연안에 대한 실험 통제는 자의적이고, 비생산적인 새로운 제한으로 보인다고 지적하였습니다. 또한 해양시비에 대한 연안 환경연구를 제한할 과학적 근거는 없다고 하였습니다. 왜냐하면, 과학에 근거한 신중한 "관련 위험에 대한 검토"는 추가적인 실험을 통해 획득한 지식에 의존할 수밖에 없기 때문입니다.

이와 같은 UNESCO/IOC의 입장은 해양시비에 대한 위험성 검토, 해양생물다양성과 해양생태계에 미치는 영향 등은 해양시비 실험을 통해서 획득된 객관적이고 과학적인 자료로 분석할 수 있다는 점을 강조한 것으로 판단됩니다.

# V. 유엔해양법협약과 해양시비

이와 관련하여 유엔해양법협약(UNCLOS)은 적법한 과학적 연구로 수행되든 상업적인 목적으로 수행되든에 관계없이 해양에서의 활동은 인류 건강, 해양생물다양성 및 해양생물자원에 위해를 가하지 않아야 한다고 규정하고 있기에, 해양시비활동은 향후 유엔해양법협약상 연안국의 권리, 공유자유의 원칙, 사전예방주의원칙(principle of precautionary)과 인류공동유산원칙 등과의 조화 문제에 대한 심층적인 연구가 필요하다고 판단됩니다. 또한, 해양과 자원을 지속가능하게 보전·관리하고, 이용하기 위해서는 연안국가와 관련 국제기구, 이해관계자 등의 통합적이고 협력적인 대응이 필요하다고 생각됩니다.

특히, 홍기훈 박사님의 발표내용에 따르면 해양시비 후보지역은 대부분 공해지역일 것으로 예상되는데, 이는 해양시비 사업이 미치는 해양환경에 대한 부정적인 영향과 위험성을 고려할 때 유엔해양법협약상 해양환경보전 규정과의 충돌가능성도 없지 않습니다.

유엔해양법협약은 해양의 평화적 이용과 해양자원의 공평하고도 효율적인 활용, 해양생물자원의 보존과 해양환경에 대한 보전을 협약의 중요한 목적 중 하나로 하고 있기 때문입니다.[6] 즉, 협약 제12장(제192 조~제237조)은 해양환경의 보호와 보전(protection and preservation of the marine environment)을 다루고 있으며, 제12장은 협약 당사국은 해양환경을 보호하고 보전할 의무가 있음을 규정하고 있습니다.

# VI. 결론

해양시비 문제는 향후 런던의정서에서의 $CO_2$ 해중격리 문제와 마찬가지로 과학적인 평가체계를 지속적으로 발전시켜 나가고, 그에 대한 당사국의 의무를 구체화하는 노력이 선행되어야 할 것으로 판단됩니다. 또한, 런던의정서상 허용된 기존 인공어초사업과 해양시비활동과의 차별성 문제, 친환경적인 해양시비 기술개발 가능성 검토 및 관련 연구, 생물다양성협약―런던의정서―교토의정서 논의에 대한 상호연계 분석 및 대응방안 마련 등이 이루어져야 할 것입니다.

---

6) 유엔해양법협약은 협약 제12부(제192조~제237조)에 해양환경의 보호와 보전을 위한 다양한 내용을 포함하고 있음. 즉, 체약국의 의무와 지구적 · 지역적 협력 및 조사 · 연구, 기술지원, 개별국의 관할권내 활동이 해양환경에 미치는 잠재적 영향평가, 해양환경오염의 방지, 경감, 통제를 위한 국제규칙과 국내입법, 국가 책임, 주권면제 등에 대하여 규정하고 있음.

# 참고문헌

홍기훈 · 손효진. "해양철분 시비사업의 국제 관리체제 예비분석." 『한국해양환경공학회지』 제11권 제3호(2008).

Secretariat of CBD. "Scientific Synthesis of the Impacts of Ocean Fertilization on Marine Biodiversity." CBD Technical Series, No. 45 (2009).

SBSTTA 14 recommendations ⅩⅣ/3 regarding ocean fertilization and ocean acidification.

CBD Decision IX/16 Ocean Fertilization.

제4장

# 런던의정서체제하에 설립된
# 준수그룹의 논의동향과 준수 제고 전망

신창훈 | 아산정책연구원

## I. 서론

해양투기에 의한 오염방지를 규율하는 다자간체제의 대표적 예라 할 수 있는 런던의정서[1]는 현재 보조기관으로 과학그룹과 준수그룹 (Compliance Group)을 두고 있다. 이 중 준수그룹은 2007년 런던협약[2]

---

1) 런던의정서의 정식 명칭은 폐기물 및 기타 물질의 투기에 의한 해양오염방지에 관한 1972년 협약에 대한 1996년 의정서이다. 이 글에서는 "1996년 런던의정서" 혹은 단순히 "런던의정서"라 약칭하고 있다.
2) 런던협약의 정식 명칭은 1972년 폐기물 및 기타 물질의 투기에 의한 해양오염방지에 관한 협약(Convention on the Prevention of Marine Pollution by Dumping of Wastes and Other Materials)이다. 이 글에서는 "1972년 런던협약" 혹은 단순히 "런던협정"이라 약칭하고 있다.

/의정서 합동당사국회의에 의해 설립되어 다자간환경협약체제에서 중요한 감시기구의 한 예로 2008년부터 첫걸음을 떼기 시작했다. 이하에서는 2008년부터 현재까지 세 차례에 걸친 준수그룹 회의에서의 주요 논의사항을 개괄적으로 고찰해 보면서 준수그룹의 주된 임무가 무엇이며, 특히 의정서가 규정하고 있는 각종 보고의무에 의해 제출된 당사국의 개별 보고서가 어떻게 준수그룹 내에서 논의되고 있는지에 대한 현황을 소개함으로써, 준수그룹이 런던의정서의 준수 제고를 위해 어떻게 활약하고 있는지를 소개해 보고자 한다.

## II. 준수그룹 개요

런던의정서 제11조에 기초하여 2007년 11월 개최된 런던협약/의정서 합동당사국회의는 소위 "준수절차 및 메커니즘(이하 CPM으로 칭한다)"[3]을 채택하였고, 이를 실질적으로 운영하는 준수그룹(Compliance Group)의 설치에 합의하였다. 준수절차에 관한 규정을 두고 있는 런던의정서 제11조는 1항에서 준수 절차와 메커니즘의 설치와 관련하여 의정서 발효 후 2년 이내라는 시한을 두고 있으며, 2항에서는 당해 절차나 메커니즘과 당사국회의 간의 관계에 관해 기본틀을 제시해주고 있다.[4] 1996년 11월 7일에 채택된 런던의정서는 2006년 3월 24일에 발효

---

3) LC 29/17 Annex 7. CPM의 정식 영문명칭은 Compliance Procedures and Mechanisms pursuant to Article 11 of the 1996 Protocol to the London Convention 1972이다.

4) 런던의정서 제11조
"1. 이 의정서 발효 후 2년 이내, 당사국 회의는 이 의정서에 대한 준수를 평가하고 촉진하기 위해 필요한 절차와 메커니즘을 설치한다. 이러한 절차 및 메커니즘은 정보의 완전하고 공개적인 교환을 허용하는 것을 목표로 건설적인 방법으로

하였으므로 제11조 1항에 의하면 준수 절차 및 메커니즘 설치의 시한은 2008년 3월 23일이기 때문에 준수그룹의 설치는 의정서상의 타임프레임을 제대로 이행한 셈이다.

준수절차 및 메커니즘은 다자간환경협정체제에 있어서 소위 관리모델(managerial model)의 전형을 이루는 것으로 해양투기에 의한 오염방지에 있어서 대표적 다자간체제인 런던협약/의정서체제는 이제 당사국회의를 기수로 한 과학그룹과 준수그룹이라는 쌍두마차체제를 갖춤으로써 활동에 있어서 효율성이 보다 더 제고될 전망이다.

준수그룹은 최대 15명의 위원을 둘 수 있는데, 준수위원은 과학적 전문가, 기술적 전문가 및 법 전문가 중 하나이어야 하지만 구성에 있어서 이 세 분야의 전문가가 동등한 비율을 갖추어야 한다는 규정은 존재하지 않는다.[5] 위원은 UN의 5개의 지역그룹[6]이라는 지리적 배분의 원칙에 기초하여 당사국들에 의해 지명되고 당사국회의에 의해 선출된다.[7] 15명의 위원은 3년 임기의 위원 5명과 2년 임기의 위원 5명 및 1년 임기의 위원 5명으로 구성된다.[8] 의사정족수(quorum)는 선출된 위

---

개발된다.
2. 당사국 회의는 이 의정서에 의거 제출된 모든 정보 및 1항에 의해 설치된 절차나 메커니즘을 거쳐 제안된 모든 권고사항을 충분히 검토한 후 당사국 및 비당사국에 조언, 지원 및 협력을 제공할 수 있다."

5) CPM 3.1 "준수그룹은 규모에 있어서 15명의 위원으로 제한된다."
   CPM 3.2 "준수그룹은 과학적, 기술적, 그리고 법적 전문지식에 기초하여 선출된 개인들로 구성된다."

6) 이러한 지리적 배분은 UN에서 공식적으로 인정된 것은 아니지만 관행에 의해 확립되어 가고 있다. 다섯 개의 지역그룹은 1) 서유럽 및 기타 그룹(WEOG), 2) 동유럽 그룹(Central & Eastern Europe), 3) 라틴아메리카 및 카리브 그룹(GRULAC), 4) 아시아/태평양 그룹(Asia/Pacific)과 5) 아프리카 그룹(Africa)이다. 다만 UN의 경우 미국, 이스라엘, 키리바티와 터키는 특별하게 취급되고 있는데 이들 국가는 현재 런던의정서의 당사국이 아니다. 따라서 미국이 런던의정서의 당사국이 될 경우 CPM 3.4.에서 5개의 UN 지역그룹에 관한 명시부분은 개정되어야 할 것이다.

7) CPM 3.4. "위원들은 공평하고 균형적인 지리적 대표성에 기초한 UN의 5개 지역그룹 별로 당사국들에 의해 천거되며 당사국회의에서 선출된다."

8) CPM 3.5. "당사국회의는 1년 임기의 위원 5명, 2년 임기의 위원 5명, 그리고 3년

〈표 1〉 UN의 5개 지역그룹별 준수그룹 현황

| UN Group | 2008 | 2009 | 2010 | 2011 | 2012 | 2013 |
|---|---|---|---|---|---|---|
| WEOG | Daniel (캐나다) | Daniel (캐나다) | Daniel (캐나다) | Daniel (캐나다) | | |
| | Crescenzi (이탈리아) | Crescenzi (이탈리아) | Crescenzi (이탈리아) | Pike (영국) | Pike (영국) | Pike (영국) |
| | | | Lammers (네덜란드) | Lammers (네덜란드) | Lammers (네덜란드) | |
| Asia/ Pacific | Kato (일본) | Kato (일본) | Kato (일본) | Kato (일본) | | |
| | Zhou (중국) | Pan (중국) | Shang (중국) | Shang (중국) | | |
| | | | Shin (한국) | Shin (한국) | Shin (한국) | |
| Africa | Nqoro (남아프리카 공화국) | Nqoro (남아프리카 공화국) | | Oming'o (케냐) | Oming'o (케냐) | Oming'o (케냐) |
| | | | | | | |
| | | | | | | |
| Central & Eastern Europe | Bogdanova (불가리아) | Bogdanova (불가리아) | | | | |
| | | | | | | |
| GRULAC | | | | | | |
| 총 위원수 | 6명 | 6명 | 6명 | 7명 | | |
| 출석 위원수 | 6명 | 4명 | 5명 | | | |
| 의사정족수 | 4명 | 4명 | 4명 | 5명 | | |

임기의 위원 5명을 선출한다. 그 후에 당사국 회의는 매년 정례회의에서 공직기간이 만기되거나 막 만기되려는 위원들을 대신할 3년 정식임기의 신규 위원들을 선출한다. 위원들은 3년 연임 기간 이상으로 근무할 수 없다. 동 결정을 위해 '임기'란 정례 당사국회의의 종료 시점에 시작되어 차기 정례 당사국회의 회기까지의 기간을 의미한다."

원 수의 2/3로 되어 있다.[9] 현재 UN의 5개 지역그룹별로 당사국에 의해 천거되어 당사국회의에서 선출된 준수그룹 위원의 명단 및 국적과 총 위원 수 및 이에 따른 의사정족수의 현황을 도표로 살펴보면 다음과 같다.

〈표 1〉을 통해 알 수 있지만 2008년부터 현재까지 총 3차례의 준수그룹이 개최되었지만 위원 수에 있어서는 최대 15명의 절반에도 미치지 못하고 있다. 이러한 현상은 당분간 지속될 전망이다. 현재 런던의정서의 회원국 수는 모두 39개국이며 이를 UN의 5개 지역별 그룹으로 분류해 보면 서유럽 및 기타 그룹(WEOG)의 수는 17개국,[10] 아시아/태평양 그룹(Asia/Pacific)의 수는 7개국,[11] 아프리카 그룹(Africa)의 수는 7개국,[12] 라틴아메리카 및 카리브 그룹(GRULAC)의 수는 5개국,[13] 동유럽 그룹(Central & Eastern Europe)의 수는 3개국[14]이다.[15] 위원 총수가 적은 현상은 일견 회원국 수가 적기 때문으로 판단할 수 있지만 그룹별 구성국의 경제적 능력의 차이와 연관성이 있어 보인다. 예를 들어, 아시아/태평양 그룹의 경우에는 불과 7개국이 당사국이지만 한중일이 준수그룹의 위원 천거에 적극적이어서 2010년에 개최된 3차 준수그룹 회의에서부터는 그룹별 최대 위원수를 충족시키고 있다는 점 역시 경제적 능력과의 상관관계를 대변한다고 할 수 있다. 위원이 보유하고 있는 전문지식의 관점에서 살펴보면 준수그룹이 주로 제도적 측면에서의 준수사안(compliance issues)에 초점을 두고 있다 보니 제3차 준수그룹 회

---

9) CPM 3.10. "준수그룹 위원 숫자의 3분의 2는 정족수를 구성한다."

10) 덴마크, 독일, 영국, 스페인, 노르웨이, 캐나다, 스위스, 스웨덴, 아일랜드, 아이슬랜드, 프랑스, 룩셈부르크, 벨기에, 이탈리아, 네덜란드, 호주, 뉴질랜드.

11) 바누아투, 통가, 사우디 아라비아, 중국, 일본, 마셜군도, 한국.

12) 남아프리카 공화국, 앙골라, 이집트, 케냐, 시에라리온, 가나, 나이지리아.

13) 트리니다드-토바고, St. Kitts & Nevis, 멕시코, 바베이도스, 수리남.

14) 조지아, 불가리아, 슬로베니아.

15) 문병호 · 홍기훈, "런던의정서에서 유엔지역그룹체제의 역할에 관한 연구,"『한국해양환경공학회지』13 (2010), pp.135-150.

의에 출석한 5명의 위원 모두가 법 전문가라는 점도 준수그룹을 이해
하는데 하나의 흥미로운 현상이라 할 수 있을 것이다.

# III. 준수그룹 회의 의제

2007년 11월 공식 출범한 준수그룹은 2008년부터 지금까지 모두 3
차례의 회의를 개최하였다. 회의는 런던협약/의정서 합동당사국 회의
의 개최 주에 시작하여 3일간 회의를 한 후 준수그룹 명의로 당사국회
의에 보고서를 제출하는 형식으로 진행되고 있다. 3차례 회의에서 논
의된 의제는 모두 13가지 사항으로 1) 의장과 부의장의 선출, 2) 의제의
채택, 3) 준수그룹의 조직 문제, 4) 개별제출(individual submission)에
대한 검토, 5) CPM 6.2, 6.4 및 6.5에 의해 제출된 보고서 검토, 6) 런던
의정서 제9조 4항 2호 및 3호에 따라 제출된 보고서 검토, 7) 런던의정
서 제9조 4항 1호에 따른 보고의무 이행시 당사국이 경험하고 있는 각
종 장애사항에 대한 식별 및 검토, 8) 런던협약 제6조 4항에 따른 보고
의무 이행시 당사국이 경험하고 있는 각종 장애사항에 대한 식별 및 검
토, 9) "준수장벽(Barriers to Compliance)" 계획과 관련한 준수사안의
심의, 10) 런던의정서의 국내적 이행에 관한 지침을 신규 당사국이 되
고자 하는 국가를 위해 어떻게 보다 효율적인 도구가 될 수 있도록 하
는 방안 마련에 대한 검토, 11) 차년도 회의를 위한 작업 계획, 12) 기타
활동 계획 및 13) 당사국회의에 제출할 준수그룹 보고서의 초안 작성
및 검토 등이 있다.[16] 의제와 관련하여서는 의장을 매개로 한 사무국과

---

16) LP-CG 1/2 (25 January 2008); LP-CG 2/1 (19 June 2009); LP-CG 3/1 (15
  December 2009) 참조. 제1차 회의에서는 첫 회의인 탓에 8가지 의제만이 채택

위원들 간의 상호 연락을 통한 예비 작업이 3차 회의때부터 활성화되어가고 있기 때문에 이러한 예비 작업의 진척에 따른 의제발굴로 점차 확대될 전망이다.

앞서 서술한 13가지 사안 중 당사국이 의정서상의 보고의무에 기초하여 제출한 보고서의 검토와 관련이 있는 의제는 아래에서 별도로 소개하기로 하고 나머지 의제에 대한 준수그룹의 회의 진행을 간략하게 소개해 보면 다음과 같다.

의장과 부의장의 선출은 CPM 3.6에 기초한 것으로 당해 조항에서 의장과 부의장의 숫자는 명시되어 있지 않지만 적은 구성원 수 때문에 지금까지 1명의 의장과 1명의 부의장을 매 회기마다 선출해 왔다.[17] 회의는 의장과 부의장을 선출한 후 회장의 사회로 먼저 의제를 채택한다.

조직 문제와 관련하여서는 통상적으로 월요일 오전에 개최되어 금요일 오후에 폐회되는 당사국회의가 회기 내에 준수그룹의 보고서를 검토할 수 있도록 늦어도 목요일 오전까지 준수그룹 보고서를 완료하기 위해 회의일정과 진행에 대한 논의에 주안점을 두고 있다.

개별제출(individual submission)은 소위 비준수 절차의 일종으로 잠정적 비준수 당사국의 개별적 상황을 심의하고 평가하는 절차인데[18] 지난 3차례의 회의 동안 한 번도 제출된 적이 없었다.

"준수장벽(Barriers to Compliance)" 계획과 관련한 준수사안 심의의 경우 준수그룹은 제2차 회의에서부터 준수장벽 운영그룹(Barriers to

---

되었고 제2차 회의와 제3차 회의는 서술한 13가지 의제가 채택되었다. 그러나 2011년에 10월에 개최되는 제4차 회의의 경우 서술한 13가지에 대한 논의 외에도 런던협약과 관련이 있는 역사적 문서를 LC/LP 웹사이트에 게재하는 문제와 준수를 제고하기 위해 LP의 다른 기관의 작업에 대한 자료와 입력을 개발하는 문제를 추가적으로 논의할 계획이다. 제4차 회의의 잠정의제와 관련하여서는 LP-CG 4/1 (23 December 2010) 참조.

17) CPM 3.6. "준수그룹은 독자적인 의장 및 부의장을 선출한다."

18) CPM 2.2.1. "준수그룹은 제4조에 따라 잠정적 비준수 당사국의 개별적 상황을 잠재적 원인과 특정 상황들을 확인하는 관점에서 심의하고 평가할 수 있다."

Compliance Steering Group)의 실무진을 준수그룹 회의에 초청하여 양 기관 간의 협력을 모색한 바 있다. 준수장벽 운영그룹은 특히 역량부족으로 인해 비준수가 발생하는 경우 각종 장벽을 제거하기 위해 여러 사업계획을 운영하고 있는데, 이러한 사업계획 중 특히 국내적 이행입법 혹은 런던의정서의 홍보와 관련한 각종 지역 워크숍의 개최 등은 준수사안과 밀접한 관련성이 있기 때문에 준수그룹의 조언(advice)이 필요할 경우 이를 식별하고 어떻게 협력할 것인지에 대한 방안 등을 주로 논의해 왔다.

준수그룹은 또한 신규 당사국의 준수를 제고하는 방안에도 관심을 기울이고 있다. 2차 회의 때에는 신규 당사국을 위한 모델 국내입법의 마련도 제안된 바 있었으나 논의 끝에 당사국의 사정과 요구가 동일하지 않기 때문에 모델 입법의 실효성에 부정적인 결론을 내렸다. 대신 런던의정서의 국내적 이행에 관한 지침을 신규 당사국 내지 신규 당사국이 되고자 하는 국가를 위해 어떻게 보다 효율적인 도구가 될 수 있도록 하는지에 대한 방안의 논의에 집중하기로 의견의 합치를 이룬바 있다. 그 외에도 런던의정서의 설명서(explanatory note) 혹은 주석서(commentary)가 필요한지에 대한 문제는 물론 런던협약 및 런던의정서의 교섭과정을 보여줄 수 있는 소위 "예비문서(*travaux préparatoires*)"를 취합하여 런던협약/의정서의 웹사이트에 게재하는 문제 등도 논의한 바 있다.

준수그룹 회의는 차년도를 포함한 장래의 회의를 위한 작업 계획 역시 중요한 의제 중 하나로 인식하고 있다. 준수그룹의 위원은 회장을 매개로하여 사무국과 긴밀한 접촉을 취하면서 다음 회의가 개최되기까지의 1년 가까이의 기간에 준수의 제고를 위해 어떤 작업을 해야 하는지에 대해 토의하고 준수그룹 위원들이 수행해야 할 소위 회기간 작업(intersessional works)의 결과물에 대해서도 논의하고 있다. 1차 회의와 2차 회의 간에는 회기간 작업의 결과물이 제출된 바 없지만, 2차 회의와 3차 회의 간에는 활발한 회기간 작업이 이루어져 3차 회의에서의 검토를 위해 3건의 보고서[19]가 준수위원에 의해 제출된 바 있다. 이러한 회기간 작업은 준수그룹 회의가 정착되어 감에 따라 보다 활발하게 이루어질 것으로 전망된다.

기타 활동 계획이라는 의제하에서는 지금까지의 의제 외에도 준수와 관련성이 있는 사안이 존재하는지 등에 대해 의견을 교환하고 있다.

CPM 6.6은 당사국회의에 보고서를 제출하도록 규정하고 있으며 보고서에 반드시 포함되어야 할 사항을 정해두고 있다.[20] 따라서 준수그룹 회의의 마지막 의제는 당사국회의의 최종일(통상 회의는 월요일에 개시되어 금요일에 폐회하기 때문에 금요일이 최종일에 해당함)에 준수그룹이 제출한 보고서의 심리와 채택이 가능하도록 준수그룹 보고서 초안을 논의하는 것이다. 통상 준수그룹 보고서 초안은 의장과 배석한 사무국 직원이 위원들간의 논의를 정리한 후 초안을 작성하여 회원들에게 나누어 주고 이를 축조심의하는 형식으로 진행된다. 축조심의 과정에서 위원 개개인의 의견이 제대로 반영되어 있는지에 대한 검증이 가능하다. 제3차 회의의 경우 출석 위원 5명 모두가 법 전문가였기 때문에 초안에 사용된 용어 하나 하나에 대한 열띤 토론이 있을 수밖에 없었다.

---

19) 준수그룹 제3차 회의에 위원들이 제출한 3건의 보고서는 다음과 같다.
    1) Hisakazu Kato, "Note on the comparison of the E-reporting Format against London Protocol Article 9.1 requirements," LP-CG 3/5 (10 August 2010); 2) Chang-Hoon Shin, "Summary of all Reporting Requirements under the Protocol," LP-CG 3/7 (23 August 2010); 3) Hans Lammers, "Note on a possible commentary/explanatory report on the London Protocol," LP-CG 3/10 (29 July 2010).
20) CPM 6.6 "준수그룹은 각 당사국회의에 다음 사항들을 표기한 보고서를 제출해야 한다.
    .1 당사국회의에 대한 모든 권고를 포함하여, 개개의 당사국들이 준수에 관해 준수그룹이 그 기능을 완수함에 있어서 수행한 작업
    .2 당사국 회의에 대한 권고를 포함하여 체제적 준수 사안에 관해 준수그룹이 그 기능을 완수함에 있어서 수행한 작업
    .3 당사국회의의 심사와 승인을 위한 준수그룹의 향후 작업 계획"

  CPM에는 준수그룹 회의에 사용되어야 할 공식 언어에 대해서 어떠한 규정도 두고 있지 않다. UN의 전문기관인 국제해사기구(IMO)에서 당사국회의가 개최되기 때문에 공식언어는 영어, 불어, 스페인어, 러시아어, 중국어, 아랍어 등 6개국어이다. 그런데 런던협약/의정서체제는 2001년 런던협약 제23차 당사국회의에서 당사국회의 운영 규정을 개정한 바 있는데,[21] 규칙 25에서 27이 바로 언어에 관한 운영 규정이다. 이에 따르면 회의의 공식언어는 다른 UN 전문기관과 마찬가지로 6개국어이지만 운용 언어(working languages)로는 영어, 불어와 스페인어를 지정하고 있다.[22]

  회의에서의 발언은 공식언어 중 하나로 행하여지고 나머지 5개의 공식언어로 동시통역이 되지만,[23] 회의 의제별 항목에 대한 모든 지원문서는 운용 언어로 발행하도록 되어 있다.[24] 그러나 모든 당사국이 참여할 수 있는 당사국회의를 제외하고 각종 작업반(working group) 회의 등과 관련한 언어문제에 대해서는 당해 운영 규정에도 아무런 언급이 존재하지 않는다. 관행상 각종 작업반 회의에서는 영어만의 사용이 참가국 대표들에 의해 양해되고 있으며, 준수그룹 회의 역시 위원들 간에 영어만의 사용이 양해되고 있고, 지원문서 역시 영어로만 배포되고 있다.

---

21) LC23/16 Annex 5 Revised Rules of Procedure.
22) *Ibid.*, regulation 25.
23) *Ibid.*, regulation 26.
24) *Ibid.*, regulation 27 (1).

## IV. 보고의무와 관련한 준수그룹의 주요 임무

1972년 런던협약 제6조 4항은 당사국에게 보고의무를 부과하고 있으며,[25] 보고의 대상이 되는 내용으로 1) 투기가 허용되는 모든 물질의 성분과 양, 투기의 장소, 시간 및 방법에 관한 기록의 유지 정보,[26] 2) 개별적으로 또는 다른 당사국 및 권한있는 국제기구와 협력하여 작성된 이 협약의 목적을 위한 해양상태의 관찰 정보,[27] 3) 각국의 적절한 당국이 특별허가증과 일반허가증을 발급함에 있어서 부속서 3을 준수하며 또한 적절하다고 판단하여 채택한 기준, 조치 및 요건[28] 등을 특정하고 있다.

이에 비해 1996년 런던의정서는 보고의무와 관련하여 대상이 되는 내용을 보다 구체화되고 확대하였다고 할 수 있는데, 의정서 제9조 4항[29]이 주된 보고의무를 규율하고 있으며, 보고 대상의 내용으로는 1) 투기 허가증이 발급된 모든 폐기물이나 그 밖의 물질의 특성과 용량, 가능한 경우 실제로 투기된 용량, 투기 장소에 관한 정보,[30] 2) 개별적으로 또는 다른 체약당사국 및 권한 있는 국제기구들과 협력하여 이 의정서의 목적을 위한 해양 상태 감시에 관한 정보,[31] 3) 집행조치에 대한

---

25) 1972년 런던협약 제6조 4항 "체약당사국은 직접적으로 또는 지역협정에 따라 설치된 사무국을 통하여 제1항 c호 및 d호에 규정된 정보와 제3항에 따라 자기 나라가 채택하는 기준, 조치 및 요건을 기구 및 다른 당사국에 보고한다. 관련절차 및 이러한 보고의 내용은 당사국 간에 협의하여 합의한다."
26) 1972년 런던협약 제6조 1항 c호.
27) 1972년 런던협약 제6조 1항 d호.
28) 1972년 런던협약 제6조 3항.
29) 1996년 런던의정서 제9조 4항 "각 체약당사국은 직접적으로 또는 지역협정에 따라 설치된 사무국을 통하여, 다음 각 호를 기구 및 적절한 경우 다른 체약당사국에게 보고한다..."
30) 1996년 런던의정서 제9조 4항 1호 및 제9조 1항 2호 참조.
31) 1996년 런던의정서 제9조 4항 1호 및 제9조 1항 3호 참조.

요약 및 이 의정서의 규정을 이행하기 위해 취해진 행정·입법조치,[32] 4) 위 조치의 효율성(effectiveness) 및 그 적용시 발생하는 문제[33] 등을 특정하고 있다.

준수그룹은 런던의정서의 규정에 따라 설립된 보조기구로서의 성격을 지니고 있기 때문에 원칙적으로 런던협약상의 보고의무에 따라 제출된 보고서를 검토할 수 있는 권한이 부여된 것은 아니다. 그러나 런던협약과 런던의정서 양자 모두에 대해 당사국인 국가가 제출하는 보고서는 성격상 중복되어 있기 때문에 대부분 준수그룹의 검토 대상이 된다고 할 수도 있다. 보고의무와 관련하여 준수그룹이 검토해야 할 사항은 크게 4가지로 대별해 볼 수 있다.

## 1. CPM 6.2, 6.4 및 6.5상의 보고서 검토

2007년에 채택된 CPM 역시 6.2, 6.4 및 6.5에서 런던의정서 당사국이 제출해야 할 의무를 부담하는 보고서와 이에 대한 준수그룹의 검토권한이 명기되어 있다. 따라서 앞서 소개한 준수그룹 회의의 의제에서도 볼 수 있듯이 이러한 보고서 검토가 준수그룹의 주된 임무가 되고 있다.

우선 CPM 6.2[34]는 런던의정서 제9조 4항 1호에 따른 기록물이므로 주로 투기와 관련한 통계 및 해양의 상태를 모니터하는 모니터링 보고서라 할 수 있으므로 이에 대한 검토는 1차적으로 과학그룹에 위임하고 있다. 따라서 준수그룹은 과학그룹의 검토 후 사무국이 작성한 특정

---

32) 1996년 런던의정서 제9조 4항 2호 참조.
33) 1996년 런던의정서 제9조 4항 3호 참조.
34) CPM 6.2 "당사국들은 [런던의정서] 제9조 4항 1호 하에서 자국의 기록물을 유지하여야 하며, 이를 사무국에 제출하여야 하고, 사무국은 이를 런던의정서 과학그룹과 준수그룹에 보낸다. 런던의정서 과학그룹은 위임 권한에 따라 이 정보를 심사하고, 당사국회의 뿐만 아니라 준수그룹에 적절히 권고할 것이다."

연도에 발행된 투기허가에 관한 완전한(full) 보고서가 아닌 요약보고서(summary)를 검토하는 작업을 수행한다. 2010년 10월에 개최된 제3차 준수그룹 회의에서는 1) 2006년도에 발행된 투기허가에 관한 최종 요약보고서[35]와 2007년도에 발행된 투기허가에 관한 최종 요약보고서 초안[36]을 검토한 바 있다. 완전한 보고서가 아닌 요약보고서를 통해 준수여부를 판단하는 데는 한계가 있기 때문에 준수그룹은 제2차 회의에서 구체적 통계의 진실성 내지 정확성 여부를 검토하기보다는 보고의무의 이행을 제도적으로 활성화하기 위한 방안의 맥락속에서 요약보고서를 통해 제도적 측면만을 검토하기로 합의한 바 있다. 따라서 예를 들어, 현재 시행 중인 e-리포팅(e-reporting)과 관련한 양식이 런던의정서가 요구하고 있는 보고 대상을 모두 충족하고 있는지의 여부 등에 대한 논의가 주를 이루고 있다.

CPM 6.4는 런던의정서 제10조 3항에 따른 국가관할권 이원 해역에서 이루어진 투기 의심 보고서(Incident Information Forms)에 대한 검토를 규정하고 있다.[37] 그러나 지금까지 사무국에 접수된 당해 보고서가 존재하지 않기 때문에 3차례의 준수그룹 회의에서 당해 보고서가 검토된 적은 없었다.

CPM 6.5는 유예기간(transitional period)의 통보에 관한 런던의정서 제26조 1항에 기초한 보고서에 대한 검토를 규율하고 있다.[38] 그러나

---

35) LC-LP.1/Circ.34.

36) LC 32/INF.3.

37) CPM 6.4 "사무국은 런던의정서제10조 3항하에서 수령한 [국가관할권 이원 해역에서의] '투기 의심 보고서(Incident Information Forms)'를 수집하고, 이를 심사하도록 당사국회의에 제출하고, 적절한 경우 준수그룹 혹은 런던의정서 과학그룹에 위탁해야 한다."

38) CPM 6.5 "유예기간의 필요에 관한 [런던의정서] 제26조 1항에 의거하여 통보한 당사국은 [런던의정서] 제26조 5항 및 제26조 6항에 의거한 보고서들을, 동 유예기간 동안 개최되는 각 당사국회의 이전에 사무국에 제출해야 한다. 당사국회의는 적절한 경우 준수그룹과 런던의정서 과학그룹에의 위탁을 포함하여 동 보고서들에 대한 조치를 취해야 한다."

당해 조항에도 불구하고 지금까지 어떠한 당사국도 유예기간을 통보한 적이 없기 때문에 이에 대한 보고서의 검토 가능성은 존재하지 않는다. 더구나 이러한 유예기간 통보제도를 규정하고 있는 당해 조항이 공식적으로 2011년 3월 24일 종료되기로 예정되어 있기 때문에 당사국회의는 준수그룹에 당해 조항 만료시점을 연장하기 위한 의정서 개정에 대한 검토를 요청한 바 있다.

이에 대해 준수그룹 위원들은 2010년 10월에 개최된 제3차 회의에서 논의 끝에 지금까지 어떠한 신규 당사국도 유예기간 통보제도를 원용한 바 없다는 사실에 주목하면서 만료시점 연장을 위한 런던의정서의 개정보다는 준수장벽 사업계획을 통한 준수 제고를 계속 추진하는 것과 CPM 2.2.8에 따라 새로 당사국이 되고자 하는 국가에게 준수그룹이 준수와 관련한 각종 권고와 지침을 제공하는 것이 보다 생산적이라는 결론을 내리고 이를 당사국회의에 권고한 바 있다.[39]

## 2. 런던의정서 제9조 4항 2호 및 3호(CPM 6.3)에 따른 보고서의 검토

런던의정서 제9조 4항은 1) 집행조치의 요약을 포함하여 의정서의 규정을 이행하기 위해 취해진 행정 및 입법적 조치[40]와, 2) 이러한 조치의 효율성(effectiveness) 및 그 적용시 발생하는 문제점들[41]을 보고해야 할 의무를 당사국에게 부과하고 있다. 더구나 런던의정서 제9조 5항은 "제4항 2호 및 같은 항 3호에 따라 제출되는 보고서는 체약당사국 회의가 결정한 적절한 보조기구에서 평가한다. 이 기구는 평가 결과를 적절

---

39) LC 32/15 (9 November 2010), Annex 9, p. 2 참조.
40) 1996년 런던의정서 제9조 4항 1호.
41) 1996년 런던의정서 제9조 4항 2호.

한 체약당사국 회의 또는 특별회의에 보고한다"라고 규정하고 있으며, CPM 6.3은 "[런던의정서] 제9조 4항 2호 및 3호하에서의 당사국들의 보고서는 일단 사무국에 제출되면 사무국은 동 보고서를 심사를 위해 준수그룹에 회부해야 한다. 준수그룹은 적절한 당사국회의 혹은 특별 당사국회의에 그 결론들을 보고한다"라고 규정하고 있다. 이를 통해 우리는 런던의정서 제9조 5항상의 적절한 보조기구가 바로 준수그룹이라는 것을 알 수 있으며, 의정서 상의 보고의무와 관련하여 준수그룹의 주된 임무는 바로 당해 보고서의 검토라는 결론에 쉽게 이를 수 있다.

이를 달리 표현하면 당해 보고서의 검토임무는 준수그룹의 전속적 위임사항이라 보아도 무방하다. 다만 행정, 입법조치가 과학적 지식을 전제하고 있는 경우라면 CPM 6.2[42]에 근거하여 과학그룹이 먼저 정보를 검토하여 준수그룹에 자문하는 방식을 취할 수 있을 것이다. 그러나 CPM 6.2는 과학그룹에 자문을 구할 수 있는 근거규정으로 활용될 수 있을 뿐이며, 당해 보고서의 검토 결론은 준수그룹의 전권사항이다.

지금까지 당해 보고서를 제출한 당사국의 수는 총 38개국[43] 중 10개국에 이르고 있다.[44]

한편 당해 보고서의 제출시한과 관련하여 2008년에 개최된 제1차 준수그룹 회의는 우선 기존 의정서 당사국의 경우에는 당해 보고서의 첫 제출이 늦어도 2009년 9월 1일까지 행해져야 하고, 2008년에 의정서의 새로운 당사국이 된 국가의 경우에는 자국에 대해 당해 의정서가 발효한 일자로부터 늦어도 3년 이내에 이루어져야 함을 당사국회의에 권고한 바 있다.[45] 이에 따르면 우리나라는 2009년 1월 22일 런던의정서에

---

42) 위 각주 33) 참조.
43) 2011년 1월 1일 현재 총 당사국수는 39개국이지만 2010년 10월 제3차 준수그룹 회의가 개최될 때까지는 나이지리아는 당사국이 아니었기 때문에 당시 총 당사국수는 38개국이다.
44) 제3차 준수그룹 회의 이전까지 당해 보고서를 제출한 당사국은 캐나다, 홍콩, 독일, 이탈리아, 일본, 노르웨이, 스페인, 스웨덴, 영국, 뉴질랜드 등이다.
45) LC 30/16 (9 December 2008), Annex 7, p. 3 참조.

서명하였기 때문에 의정서의 국내적 발효일인 2009년 2월 21일부터 3년 이내인 2012년 2월 20일까지 당해 보고서를 제출해야 할 의무를 부담하게 되었다.

10개국이 제출한 개별 보고서의 주요 내용을 살펴보면 1) 각종 위반행위 및 의정서를 이행하는 국내법의 위반에 대한 벌칙을 포함한 의정서 이행 국내법, 2) 국내법의 간단한 요약, 3) 허가발급을 책임지고 있는 당국, 4) 허가조건의 준수 및 집행을 책임지고 있는 당국, 5) 의정서가 발효된 이래 취해진 집행조치의 요약, 6) 행정 및 집행조치의 효율성 및 당해 조치의 적용상 문제점 등이 공통적으로 담겨 있음을 알 수 있다.

## 3. 런던의정서 제9조 4항 1호에 따른 보고의무 이행 시 당사국이 경험하고 있는 각종 장애사항에 대한 식별 및 검토

준수그룹의 당해 보고서 검토는 사실 앞서 설명한 CPM 6.2상의 보고서 검토를 의미한다. 이를 다시 별도로 논의하는 이유는 CPM 6.6.2와 관련하여 준수그룹의 기능에 중요한 함의가 존재하기 때문이다.

CPM 6.6.2는 준수그룹이 각 당사국회의에 보고서를 제출할 때 "체제적 준수사안(systematic compliance issue)에 관해 준수그룹이 그 기능을 완수함에 있어서 수행한 작업"을 포함하도록 규정하고 있다. 따라서 준수그룹은 자신의 의제로 런던의정서 제9조 4항 1호에 따른 보고 전체를 검토하는 것이 아니라, 요약보고서를 사무국으로부터 받아서 보고의무 이행시 당사국이 경험하고 있는 각종 장애사항에 대해 식별하고 검토하는 논의를 진행할 뿐이다. 즉 이러한 장애사항의 식별을 통해 보고의무 이행을 촉진시키는 방안을 모색하는 것은 CPM 6.6.2가 규정하는 "체제적 준수사안"의 대표적 예로 분류할 수 있을 것이다.

준수그룹은 2008년에 개최된 제1차 회의에서 사무국에게 런던협약과 런던의정서상의 보고와 관련하여 당사국이 직면하고 있는 각종 장

애사항의 식별을 위해 사무국이 질의서를 당사국에게 회람시킬 것을
권고한 바 있다. 따라서 사무국은 1) 협약 혹은 의정서의 당사국 여부, 2)
런던협약 제6조 4항과 런던의정서 제9조 4항 1호에 따른 보고를 매년
해오고 있는지의 여부 및 몇 년간 보고를 하지 않은 경우 그 이유, 3) 보
고의무를 이행하지 않은 경우 이유와 관련하여 몇가지 예문[46]을 제시하
면서 이 중에서 이유를 선택할 것, 4) 장래의 보고를 위해 도움이 된다
고 생각하는 제안 등 총 4개의 질문항목으로 된 질의서를 당사국에 송
부한 바 있다.[47]

　이러한 질의서에 대해 2009년에 개최된 제2차 준수그룹 회의 이전에
사무국에 답변서를 제출한 당사국은 18개국[48]에 불과하였으며, 첫 번째
질의와 관련하여 답변서를 제출한 당사국의 현황을 살펴보면 런던협약
의 당사국은 18개국, 런던의정서의 당사국은 12개국이었다.

　두 번째 질의와 관련하여 런던협약 제6조 4항에 따라 매년 보고를 해
오고 있는 당사국은 18개 답변국 중 12개국이었음이 판명되었고, 런던
의정서 제9조 4항 1호의 보고를 매년 해오고 있는 당사국은 12개 답변
국 중 8개국이었다. 한편 매년 보고를 수행하지 못한 국가로 이유를 적

---

46) 예문으로 적시된 것은 다음과 같다.
　　- 투기활동에 대한 국내적 차원에서의 정보의 부족
　　- 수행된 투기활동에 대한 정보수집을 위한 인력의 부족
　　- 정보는 수집하였으나, 보고를 준비하기 위한 인력의 부족
　　- 국가담당기관의 재조직
　　- 어떤 보고 양식을 사용해야 할지에 대한 불확실
　　- 보고 양식의 이용이 너무 어렵다고 생각
　　- 투기 활동이 정부에 의해 수행되고 있기 때문
　　- 사무국의 도움이 필요
　　- 협약과 의정서 보다 다른 업무가 우선시
　　- 투기 활동을 허가하고 있지 않기 때문
　　- 기타 이유
47) LC-LP. 1/Circ. 22.
48) 호주, 브라질, 불가리아, 캐나다, 크로아티아, 홍콩, 이탈리아, 몬테네그로, 네덜
　　란드, 뉴질랜드, 폴란드, 남아프리카 공화국, 스페인, 스웨덴, 스위스, 영국, 미국,
　　바누아투.

시한 국가는 6개국이었다.

　세 번째 질의와 관련하여 각국이 보고의무를 이행하지 못한 경우 선택한 이유를 살펴보면, 우선 어떤 보고 양식을 사용해야 할지에 대한 불확실, 보고 양식의 이용이 너무 어렵다고 생각하는 경우, 투기활동이 정부에 의해 수행되고 있기 때문, 사무국의 도움이 필요하다는 이유 등은 어떤 국가도 선택하지 아니하여 이들이 보고의무의 이행에 장애가 되는 것은 아니라는 것이 밝혀져 관심을 끌고 있다. 결국 보고의무 이행에 있어서 가장 큰 장애요인은 정보수집은 물론 보고서 준비과정에서 인력의 부족과 국가담당기관의 재조직에 있다는 답변이 가장 많았으며, 기타 이유로 적시한 사항에서도 역시 인력부족이 큰 장애요인으로 부각되었다.

　한편 네 번째 질의와 관련하여 답변국은 장래 보고의무 이행을 높이기 위해 1) 국가보고체제를 협약 및 의정서 사무국에 보내는 보고서체제와 단일화 시키는 방안의 강구, 2) 일관성을 증대시키기 위해 국가기관 및 국내 보고체제를 재조직, 3) 사무국에 의한 보다 많은 워크숍을 통한 보고의무의 홍보, 4) 보고의무가 국가정책에서 보다 높은 우선순위를 가질 수 있도록 사무국과의 의사소통이 이루어져야 함, 5) 보고 양식의 명확화 등을 제안하였다. 이에 준수그룹은 이러한 제안을 구체화하기 위해 논의를 진행 중에 있다.


## 4. 런던협약 제6조 4항에 따른 보고의무 이행 시 당사국이 경험하고 있는 각종 장애사항에 대한 식별 및 검토

　이러한 기능 역시 CPM 6.6.2가 규정하고 있는 "체제적 준수사안"에 대한 검토의 대표적 예라 할 수 있다. 그러나 준수그룹은 CPM 1.1.1이 규정하고 있듯이 그 주된 기능이 "1996년 의정서의 준수를 평가하고 증진"시키는 것이기 때문에 당해 기능은 런던의정서체제하에서 설립

된 준수그룹의 위임사항이라고 할 수는 없다. 그러나 런던협약 제6조 4
항과 런던의정서 제9조 4항 1호는 보고의 대상이 되는 내용에 유사성
이 존재한다는 점에 주목하여 당사국회의는 "체제적 준수사안"의 관
점에서 보고 대상의 내용 검토가 아니라 보고의무 이행 시 당사국이 경
험하고 있는 각종 장애사항에 대해 적절한 권고를 해줄 것을 준수그룹
에 위임하고 있으며 런던협약과 런던의정서의 합동당사국 회의에서 이
러한 위임에 이의를 제기하는 국가가 존재하지 않았다.

## V. 결론

2008년부터 지금까지 3차례에 걸쳐 개최된 준수그룹의 회의에서는
보고의무의 활성화와 제도적 개선에 대한 논의가 주를 이루고 있다. 분
쟁해결절차에서처럼 당사국 간의 대립적 구조 속에서 일방을 성토하
고 비난하는 장이 아니라 위원들의 전문적 지식을 바탕으로 어떻게 하
면 런던의정서의 준수를 제고할 것인가에 대해 브레인 스토밍(brain
storming)을 하는 장이 되고 있다. 런던의정서의 준수를 제고하기 위한
방안의 출발점은 정보의 취합에 있기 때문에 우선은 보고서의 실질적
내용에 대한 검토보다는 당사국이 부담하는 보고의무의 이행을 효율화
하는 방안에 대한 논의가 당분간 지속될 것이라 전망해 볼 수 있다.

물론 모든 당사국의 성실한 보고의무 이행이 달성된다면 다음 단계
로서 보고서 내용의 실질적 검토가 활발하게 진행될 것이라는 전망은
쉽게 해 볼 수 있다. 이러한 발전과정과 관련하여 2011년 10월에 개최
될 예정인 제4차 준수그룹 회의에서는 여러 잠정의제 중 특히 "준수 제
고(compliance promotion)"라는 항목이 눈에 띈다. 더구나 준수그룹은
사무국과의 긴밀한 협력을 통해 런던의정서는 물론 런던협약의 교섭과

정을 알 수 있는 역사적 문서(historical documents)[49]를 런던협약/의정서 웹사이트에 게재하려는 노력도 진행 중에 있다.

비록 3일간의 짧은 일정 동안 회의가 진행되지만 준수그룹의 위원들은 상호간 및 사무국과의 긴밀한 연락을 통해 여러 가지 회기간 작업을 수행하고 있다. 그 결과물로 제3차 준수그룹 회의 이전에 위원들에 의해 3건의 의견서가 준수그룹 회의에서의 검토를 위해 최초로 제출된 바 있다. 또한 2011년 10월에 개최될 제4차 준수그룹 회의를 위해서도 상호간 긴밀한 연락을 취하면서 회기간 작업을 진행 중에 있다. 이제 막 출범한 기구에게 많은 것을 바라고 요구하는 것은 현실적이지 못하다. 그러나 회기간 작업의 활성화와 회의를 통한 준수그룹의 관행과 결과물이 축적되면 될수록 준수를 제고하기 위한 제도적 장치는 분명 발전하고 정착될 것이며 준수를 요구하는 수준은 보다 강화될 것이다.

---

49) "역사적 문서"의 웹사이트 게재와 관련하여서는 제3차 준수그룹 회의에 옵서버로 참석한 미국대표와 논쟁이 있었다. 미국 대표는 우선 "예비문서(*travaux préparatoires*)"라는 명명에 민감한 반응을 보여 위원들은 명칭을 "역사적 문서(historical documents)"로 수정하는데 합의를 이루었다. 그 다음 쟁점으로 미국 대표는 런던의정서에 의해 설립된 준수그룹이 런던협약과 관련한 역사적 문서의 문제를 취급할 수는 없다는 주장을 내세웠지만 위원들은 런던의정서에서 사용되고 있는 주요 용어들이 런던협약상의 용어와 중복되기 때문에 용어의 명확한 의미를 이해하기 위해서는 런던협약의 교섭기록 역시 중요한 의의를 지니고 있으므로 "역사적 문서"에는 런던협약의 교섭기록도 포함되어야 한다는 데 의견의 일치를 이루었다.

# 참고문헌

문병호 · 홍기훈. "런던의정서에서 유엔지역그룹체제의 역할에 관한 연구." 『한국해양환경공학회지』 제13권 제3호 (2010).

IMO. "Report of the Twenty-Third Consultative Meeting." LC 23/16 (2001).
_____. "Provisional Agenda." LC-CG 1/2 (2008).
_____. "Report of the Thirtieth Consultative Meeting and the Third Meeting of Contracting Parties." LC 30/16 (2008).
_____. "Provisional Agenda." LC-CG 2/1 (2009).
_____. "Provisional Agenda." LC-CG 3/1 (2009).
_____. "Consideration of Any Reports Referred under Paragraphs 6.2, 6.4, and 6.5 of the Compliance procedures and Mechanism." LC-CG 3/5 (2010).
_____. "Identification and Review of Factors Contributing to the Difficulties Experienced by Protocol Parties in Fulfilling their Reporting Obligations under Article 9.4.1 of the Protocol." LC-CG 3/7 (2010).
_____. "Examination of How to make the Guidance on National Implementation of the Protocol a more Effective Tool for Prospective Parties." LC-CG 3/10 (2010).
_____. "Compliance Issues: Final draft summary report on dumping permits issued in 2007." LC 32/INF.3 (2010).
_____. "Report of the Thirty-Second Consultative Meeting and the Fifth Meeting of Contracting Parties." LC 32/15 (2010).
_____. "Provisional Agenda." LC-CG 4/1 (2011).

제5장

# 해양투기방지를 위한 런던의정서체제의 기후지구공학 관리규범의 발전 동향 분석 전문가 토론회 회의록

## I. 회의 개요

가. 회의명: 해양투기방지를 위한 런던의정서 체제의 기후지구공학 관리
　　　규범의 발전 동향과 과제
　1) 일　시: 2010년 12월 13일 (월) 16:00시
　2) 장　소: 서울 서초구 양재동 EL Tower 회의실
　3) 주　최: 한국해로연구회/한국해양연구원 공동
　4) 후　원: 국토해양부

나. 회의 내용
　1) 제1부: 기후변화 관련 런던의정서의 논의동향
　　　■ 이산화탄소 해저지질구조 격리 사업

(김정은 박사, 영국 웨일즈 카디프대학교 박사)

- 해양시비

(홍기훈 박사, 한국해양연구원, 런던의정서 과학그룹회의 부의장)

2) 제2부: 런던의정서 준수그룹 논의동향

- 런던의정서 준수그룹

(신창훈 박사, 한국해양전략연구소, 런던의정서 준수위원)

3) 제3부: 종합토론

- 국내 입법 과제

(김홍균 교수, 한양대학교)

## 다. 회의 일정

| 시간 | 주요행사 내용 | | 좌장 |
|---|---|---|---|
| 15:30 ~ 16:00 | 등록 | | 문병호 |
| 16:00 ~ 16:10 | 개회 | 한국해로연구회장 | 홍기훈 |
| | | 국토해양부 해양환경정책관 | |
| 16:10 ~ 16:30 | 제1부 | 이산화탄소 해저지질구조 격리 사업 | 이석우 |
| | | 1) 주제발표: 김정은 | |
| 16:35 ~ 16:50 | | 2) 지명토론: 김영석, 구민교 | |
| 16:50 ~ 17:10 | | 해양시비 (施肥) | 구민교 |
| | | 1) 주제발표: 홍기훈 | |
| 17:10 ~ 17:25 | | 2) 지명토론: 한상운, 박수진 | |
| 17:25 ~ 17:30 | 휴식(Tea Break) | | |
| 17:30 ~ 17:50 | 제2부 | 런던의정서 준수그룹 논의 동향 | 김영석 |
| | | 1) 주제발표: 신창훈 | |
| 17:50 ~ 18:00 | | 2) 지명토론: 정진석 | |
| 18:00 ~ 18:10 | 제3부 | 종합 토론 | 백진현 |
| 18:10 ~ 18:25 | | 1) 지명토론: 김홍균 | |
| 18:25 ~ 20:00 | | 2) 종합 토론 및 석식 | |
| 20:00 ~ 20:05 | 폐회 | | 국토해양부 |

## II. 회의록

### 【제1부: 기후변화 관련 런던의정서의 논의동향】

• 홍 기 훈

지금부터 국토해양부가 후원하고 한국해로연구회와 한국해양연구원이 공동으로 주최하는 전문가 토론회를 개최하겠습니다.

저는 한국해양연구원 홍기훈입니다.

우선 한국해로연구회 회장을 대신하여 이석우 교수께서 개회사를 하겠습니다.

• 이 석 우

안녕하십니까, 토론회에 참석해 주신 분들에게 감사를 드립니다. 홍기훈 위원께서 말씀하신 바와 같이, 백진현 서울대 국제대학원장께서 토론회에 참석하여 개회사를 하기로 계획되었으나 이 자리에 참석하지 못하였습니다. 백진현 교수께서는 국제해양법재판소(International Tribunal for the Law of the Sea; ITLOS)의 재판관을 수행하고 있는데, 동 재판소에 사건이 접수되어 지난 수요일에 독일로 출국하였습니다. 백진현 교수께서는 동 토론회에 참석하지 못해 죄송하다는 말씀과 함께 한국해양연구원과 해로연구회가 공동으로 주최하는 동 토론회가 깊은 의의를 가진다는 말씀을 남기셨습니다.

이전에 토론회에 참석하셨던 분들께서는 한국해양연구원과 해로연구회가 매년 개최해 온 동 토론회의 의의에 관해 잘 알고 계시리라 생각합니다. 한편, 여러 가지 행사들을 기획, 주최하고 있는 해로연구회의 경우에는, 동 토론회가 올해의 마지막 행사입니다.

토론회의 주제인 해양 투기, 그리고 해양 폐기물 문제에 관해서는, 해로연구회에서 함께 활동하고 계시는 홍기훈 박사님과 신창훈 박사님께서도 오랫동안 연구해 오셨기 때문에, 다양하고 심도 있는 토론이 이루어질 수 있을 것입니다.

그리고 토론회의 논의 결과는 해로연구회에서 정리하여 출판할 계획입니다. 토론회를 통해 한국해양연구원과 해로연구회, 그리고 행사를 후원해 주신 국토해양부 모두가 소기의 목적을 이루시길 바라며, 이를 위해 훌륭한 발표와 토론이 이루어지기를 기원하며 개회사를 마치겠습니다.

• 홍기훈

개회사를 하신 이석우 교수에게 감사드립니다. 이어서 런던협약 및 의정서 관련 사항들을 담당하고 있는 정부 부처인 국토해양부 해양보존과 김윤호 과장께서 축사를 하겠습니다.

• 김윤호

안녕하세요, 국토해양부 해양보존과장 김윤호입니다. 바쁘신 일정에도 토론회에 참석해 주신 많은 분들께 깊이 감사드립니다.

국토해양부 해양보전과는 해양 및 육상 폐기물, 그리고 해양 배출과 관련된 업무를 하고 있는데, 육상 폐기물의 해양 배출을 허용하는 업무를 담당하면서 동시에 해양 환경 보존을 위한 업무를 동시에 맡고 있습니다. 즉, 해양보전과는 해양 배출 문제에 관한 논의들뿐만 아니라 해양 환경 보호·보존을 위한 정책들을 함께 담당하고 있습니다.

한편, 매년 국제해사기구(International Maritime Organization; IMO)의 주최로 런던협약 및 의정서 당사국회의와 과학그룹 회의가 개최되고 있고, 이를 통해 국가들은 각국의 해양 배출 현황과 그에 대한 관리 등에 대해 정보를 공유하고 있습니다. 그리고 우리나라를 대표하여 홍기훈 박사께서 과학그룹 회의 부의장을 맡고 계시고, 신창훈 박사께서 준수그룹 위원으로 활동하고 계십니다.

저도 올해 10월 중순 영국 런던에서 개최된 제32차 런던협약 및 제5차 런던의정서 당사국회의에 정부 담당관 자격으로 참석하였는데, 당해 회의에 참석하여 많은 것을 느꼈습니다. 특히, 런던협약 및 의정서 회의에서 논의, 결정되는 사항들에 대해 국토해양부 해양보전과, 한국해양연구원 등과 같은 유관 기관들뿐만 아니라, 다양한 기관의 담당자들이 정보 교환을 하고 그에 대한 대처 방안 등을 토론하는 자리를 만들고 싶다는 생각을 하였습니다. 따라서 한국해양연구원과 해로연구회가 공동으로 오늘과 같은 토론회를 주최한데 대해 감사드립니다.

동 토론회에서 주로 논의하게 될 이산화탄소 해저지질구조 격리 문제와 해양시비 문제들은 최근 런던협약 및 의정서 관련 회의들에서 활발하게 논의가 진행되고 있는 사안들입니다. 따라서 오늘 토론회를 통해 참석자들이 유익한 정보를 공유하고 주요 사안들을 논의하는 장(場)이 이루어지길 희망합니다. 또한 바쁘신 와중에도 참석해 주신 많은 참석자 분들에게 감사를 드립니다.

• 홍기훈

축사를 해 주신 김윤호 과장에게 감사드립니다.

토론회 진행에 관해 말씀드리겠습니다. 회의 장소가 협소하여 발표자와 발표 화면 사이의 거리 및 배치가 다소 불편한데 대해 죄송스럽게 생각합니다. 발표자들은 가급적이면 노트북을 활용해 주시고, 필요한 경우에는 포인터를 사용해 설명해 주시기 바랍니다.

또한 연말의 바쁜 일정에도 불구하고 많은 분들이 참석해 주셨기 때문에, 발표 및 토론자들께서는 가급적이면 시간을 엄수해 주시길 바랍니다. 그리고 저녁 식사는 18시 25분에 계획되어 있고, 저녁 식사 시간을 포함해 모든 일정을 20시까지 마칠 예정이니 참석자들께서는 토론회가 종료될 때까지 회의를 즐겨 주시기 바랍니다.

그러면 제1부 이산화탄소 해저지질구조 격리 사업의 주제에 관한 발표를 시작하겠습니다.

**•이석우**

홍기훈 박사님, 감사합니다. 제1부 진행 순서에 관해 말씀드리면, 김정은 박사께서 18시 10분부터 18시 30분까지 20분 동안 발표를 하신후, 김영석 교수님과 구민교 교수님께서 토론을 해 주시길 바랍니다. 지명토론의 경우 총 15분의 시간이 배정되어 있는데, 지명 토론자들께서는 말씀하실 사항이 많으시겠지만, 각 7분 정도씩 발표를 해 주시기 바랍니다.

그리고 저희가 토론회를 개최하는 장소의 바로 옆 회의실에서 공연을 포함한 모임이 예약되어 있는 것 같습니다. 만약 동 토론회가 일정에 따라 진행되지 않는 경우에는 옆 회의실의 일정과 겹쳐 소음으로 인해 토론회 진행이 어려울 수 있으니 시간제한을 염두에 두시길 바랍니다.

제1부 이산화탄소 해저지질구조 격리 사업에 관해 영국 웨일즈 카디프 대학에서 박사 학위를 취득하신 김정은 박사의 발표가 있겠습니다.

**•김정은**

안녕하십니까, 토론회의 제1부 이산화탄소 해저지질구조 격리에 관한 발표를 맡은 김정은입니다.

이산화탄소의 해저지질구조 저장 문제 중에서 제가 오늘 발표할 내용은 런던의정서 제6조의 최근 개정 내용과 동 의정서의 개정이 우리나라의 이산화탄소 저장 사업 계획에 어떤 의의를 갖는지에 관한 것입니다. 따라서 이러한 내용들을 발표하기에 앞서, 대부분의 참석자들께서 이미 그에 관한 내용을 알고 계시겠지만 당해 주제들에 관해 익숙하지 않은 분이 계실 수 있기 때문에, 우선 이산화탄소 해저지질구조 저장의 필요성과 그러한 이산화탄소 저장으로 인한 발생

가능한 환경 영향에 관해 간단하게 설명하겠습니다. 그 다음에, 런던 의정서 제6조의 개정 및 그 의의에 관한 발표를 하겠습니다.

〈발표 1〉 이산화탄소 해저지질구조 격리 사업 _ 김정은

## 1. 이산화탄소 해저 지중저장의 필요성

이산화탄소 해저 지중 구조 저장의 필요성에 관해 먼저 설명하겠습니다. 이산화탄소가 온실가스 중에서 많은 부분을 차지하고 있으며 기후 변화를 야기하고 지구 온난화를 발생시키는 주요 요인이라는 사실은 모두 잘 알고 계실 것입니다. 이러한 이산화탄소를 포함한 온실가스를 저감시키기 위한 국제사회의 노력은 주로 기후변화협약(United Nations Framework Convention on Climate Change) 하에서 활발하게 이루어지고 있습니다. 우리나라는 비록 동 기후변화협약에 따른 온실가스 감축 목표에 관한 교토의정서에 의거해 특별히 정해진 저감 의무는 부담하고 있지 않으나, 동 협약과 의정서의 포괄적 의무로서 이산화탄소 저감을 위해 노력해야 하는 의무를 가진다고 할 수 있습니다.

이산화탄소 해저 지중 저장은, 이러한 기후변화 및 지구 온난화 현상에 대응하여 대기 중 이산화탄소를 저감시키기 위한 여러 가지 방법들 중 하나입니다. 물론 이러한 이산화탄소 해저 지중 저장 방법만으로 지구 온난화를 완벽하게 대응할 수는 없습니다. 발표 자료에서 보시는 바와 같이, 기후변화나 지구 온난화에 대한 대응책은 에너지 효율성 향상, 저탄소 연료 사용, 핵 에너지 사용, 재생 에너지 개발 및 사용 등 여러 가지가 있습니다. 또한 제2부에서 발표될 주제인 해양시비(Ocean Fertilization)도 마찬가지로 대기 중 이산화탄소를 감축하기 위한 방안에 속합니다. 이러한 여러 가지 방안들 중에서 이산화탄소 해저 지중 저장이 가장 안전하고 효율성이 높으며 지속 가능성이 높은 방법입니다. 따라서 이산화탄소 해저 지중 저장을 위한 연구 프로젝트들이 세계 여러 국가들에서 진행되고 있으며, 우리나라도 그에 관한 연구를 추진하고 있는 것으로 알고 있습니다.

　발표 자료의 지도를 보면, 세계에서 이산화탄소를 대규모로 배출하는 주요 지역들을 나타내고 있습니다. 동그라미 표시가 집중되어 있는 지역들이 이산화탄소 배출 농도가 높은 곳인데, 보시다시피 미국의 동부, 유럽, 그리고 중국의 일부 지역들에서 이산화탄소가 대규모로 배출되고 있다는 것을 확인할 수 있습니다.

　발표 자료의 다음 지도는 대기 중 이산화탄소를 저장할 수 있는 대염수층이나 원유 및 천연가스 매장 가능 지역들을 나타내고 있습니다. 이 이산화탄소 저장 가능 지역에 관한 지도는 완벽하게 완성된 것은 아니고 이산화탄소를 저장할 수 있는 가능 지역을 대략적으로 표시한 것입니다. 동 지도에서 짙은 색깔로 표시된 지역은 원유나 천연가스 등의 매장량이 많아 이산화탄소의 저장 가능성이 높은 지역을 의미합니다.

　이산화탄소의 배출 추이와 저장 가능성을 고려해 보면, 향후 600년 내지 700년 동안 이산화탄소를 상기와 같은 지역들에 저장할 수 있을 것으로 예상됩니다. 또한 이러한 이산화탄소 저장 방법은, 앞서 말씀드린 바와 같이, 이산화탄소를 포함한 대기 중 온실가스의 저감 방법들 중에서 가장 지속성과 안정성이 높은 방법에 해당됩니다.

　발표 자료의 다음 그림은 이산화탄소 저장 방안들을 나타내고 있습니다. 동 그림의 오른편을 보시면, 이산화탄소 저장이 해상에서 뿐만 아니라 육상에서도 이행 가능한 방법이라는 것을 알 수 있습니다. 또한 이산화탄소를 육상에서 저장하는 경우에는 800미터 이하의 저장소에 이산화탄소를 저장해야 가장 안전하게 저장될 수 있다고 합니다. 그림에서 붉은색으로 칠해진 부분은 천연가스나 원유 등이 매장된 지역을 나타내며, 파란색으로 칠해진 부분이 이산화탄소가 저장되어 있는 지역을 나타냅니다. 이산화탄소 지중 저장은 대체로, 대염수층, 혹은 원유나 천연가스를 추출하고 난 저장소에 이산화탄소를 주입하여 저장하는 방식으로 이루어지고 있습니다. 그리고 동 그림의 왼편이 이산화탄소 해저 지중 저장 방식을 보여주고 있습니다.

　발표 자료의 다음 그림은 노르웨이 북해에서 행해지고 있는 연구 프로젝트를 나타낸 것입니다. 동 프로젝트의 명칭은 Sleipner Project인데, 1996년부터 시작되어 현재까지 진행되고 있는 연구 프로젝트입니다. 동 그림의 하단에 빨간색 부분이 천연가스가 매장된 지역이고, 상부의 파란색 부분 중에서 이산화탄소($CO_2$)라고 적힌 부분이 이산화탄소를 지중 저장하고 있는 대염수층입니다. 동 프로젝트의 이산화탄소 저장 방식은, 하부로부터 천연가스를 추출하고 동 추출 과정에서 발생하는 이산화탄소를 포집하여 상부의 저장소, 즉 대염수층에 저장하는 형태로 이루어져 있습니다. 노르웨이의 주장에 따르면, 동 프로젝트는 환경 보호를 위해 이산화탄소를 포집, 저장하는 것에 관한 상용 프로젝트라고 합니다.

## 2. 이산화탄소의 유출과 환경 영향

다음으로, 이산화탄소의 유출로 인한 환경 영향에 관해 설명하겠습니다. 이산화탄소의 해양 지중 저장 방법은, 앞서 설명한 바와 같이 다른 대기 중 이산화탄소 저감 방법에 비해 매우 안정적인 방법이지만, 이를 통해 이산화탄소를 완벽하게, 그리고 영구적으로 가두어 둘 수 있는 것은 아닙니다. 예를 들어, (1) 이산화탄소를 주입하는 과정에서 파이프가 파손 혹은 손상된 경우, (2) 이산화탄소를 주입한 후 지진파 등과 같은 외부 영향으로 인해 덮개(Cap Lock)가 파괴된 경우, 그리고 (3) 이산화탄소 저장소를 선별하는 과정에서 단층의 틈이나 균열 등을 발견하지 못한 경우 등에는 저장소에 주입, 저장된 이산화탄소가 수년 후에 외부로 누수, 분출될 수 있습니다.

상기와 같은 경우 이산화탄소가 유출되면, 해수의 산도가 증가하게 되며 해양 생물을 포함한 해양 생태계에 상당한 영향을 끼치게 됩니다. 또한 이러한 해양 생물을 어획, 양식하는 관련 종사자나 그 밖의 해양 이용자들에게도 영향을 미치게 됩니다.

## 3. 런던의정서 제6조의 개정

이러한 환경 영향을 관리하기 위해서 국제적으로 적절한 규제가 필요하며, 따라서 런던의정서가 이에 관한 문제들을 다루고 있습니다. 해양 투기가 가능한 물질을 열거하고 있는 런던의정서 부속서 1에는 본래 이산화탄소가 해양 투기 가능 물질로 포함되어 있지 않았습니다. 그러나 동 의정서의 개정을 통해 이산화탄소가 해양 투기 가능 물질로서 부속서 1에 새롭게 포함되었습니다.

이산화탄소가 해양 투기 가능 물질로서 동 의정서 부속서 1에 포함되었다는 것은, 이산화탄소의 해양 투기를 포괄적으로 허용한다는 의미는 아닙니다. 즉, 이는 이산화탄소의 해양 투기를 허용하되 그에 대한 적절한 규제, 관리를 하겠다는 의미입니다. 따라서 동 의정서 부속서 1에 따르면, 해양 지중 저장이 가능한 이산화탄소는 분리 · 포집된 이산화탄소에 국한되며, 이러한 이산화탄소 해양 투기 활동은 동 의정서 제2조 및 제3조에 따른 해양 환경 보호에 관한 목적과 의무를 준수하여 행해져야 합니다. 또한 해양에 저장되는 이산화탄소는 기타 폐기물과 함께 투기되지 않아야 하고 이산화탄소만으로 구성된 것이어야 한다는 규정도 포함되어 있습니다. 한편 런던의정서 제4조와 부속서 2는 관련 국가가 해양 투기에 대한 허가 및 허가 조건 등을 지정하도록 규정되어 있습니다.

런던의정서 제6조의 개정 연혁을 살펴보면, 2006년 런던의정서 개정을 통해 이산화탄소가 해양 투기 가능 물질로서 동 의정서 부속서 1에 포함될 당시부터 노르웨이는 '폐기물 및 기타 물질의 수출'에 관한 동 의정서 제6조의 개정을 제안하였습니다. 즉, 노르웨이는 이산화탄소의 해양 투기 · 저장을 허용한다면 동 의정서 제6조의 규정도 함께 개정되어야 한다고 주장하였는데, 당시에는 다른 당사국들이 '이산화탄소의 반출' 가능성이 높지 않다고 판단하였기 때문에 당해 조항의 개정이 이루어지지 않았습니다. 그러나 2006년 런던의정서 부속서 1의 개정 이후 2009년에 이르러 노르웨이는 다시 동 의정서 제6조의 개정을 제안하였고, 그에 관한 당사국들의 논의 결과 당해 조항이 현재와 같이 개정되었습니다. 이와 같은 런던의정서 제6조의 개정 목적은 대기 중 이산화탄소 저감을 활성화시키는 데 있습니다.

한편, 동 조항의 개정에 관한 논의 과정에서 노르웨이는 3개의 시나리오들을 제시하였는데, 그에 관한 논의 내용들을 살펴보면 다음과 같습니다.

우선, 동 의정서 제6조 규정에 따르면 '폐기물 및 기타 물질을 타국으로 반출할 수 없다'고 명시되어 있습니다. 그러나 '반출(export)'이라는 용어의 정의에 관하여 런던협약이나 의정서의 채택 과정(preparatory work)에서 논의된 바가 없고 따라서 그에 관한 정의 규정이 존재하지 않습니다. 그로 인해, '반출(export)'이라는 개념이 구체적으로 어떤 의미인지를 확정해야 할 것입니다. 즉, (1) 선박이나 수송관(pipe line)을 통해 이산화탄소를 수송하여 저장하는 것이 '반출(export)'에 해당되는가, (2) 이산화탄소 지중 저장소가 2개 이상의 국가들에 의해 공유되는 경우, 한 국가에서 당해 저장소에 이산화탄소를 주입하고 이를 다른 국가의 관할 영역에 있는 저장소로 이동시키는 것도 '반출(export)'에 해당 되는가 등과 같은 문제들이 활발하게 논의되어 왔습니다. 이하에서는 이러한 '반출(export)'의 개념 정의에 관한 주요 쟁점들을 5개로 나누어 설명하겠습니다.

## 4. 런던의정서 제6조의 주요 쟁점에 관한 논의

### 1) 반출 대상국은 비회원국이어야 하는가

런던의정서에서 '폐기물 및 기타 물질의 수출'에 관한 제6조 규정이 최초에 삽입된 이유는, 당사국들이 해양 투기 금지 물질을 비회원국으로 반출하여 동 의정서 규정을 준수하지 않고 처리하는 것을 방지하기 위한 것이었습니다. 즉, 개정되기 전의 의정서 제6조를 살펴보면, '협약 당사국은 해양 투기 또는 해상 소각을 목적으로 폐기물 또는 기타 물질을 타국으로 반출할 수 없다'라고 규정되어 있는데, 당해 조항은 주로 비회원국으로의 금지 물질 반출을 방지하기 위한 의도로 채택·삽입된 것입니다.

그러나 런던의정서 초안 마련 당시의 논의 기록들을 살펴보면, 당해 조항이 '특정 국가에 한하여 반출을 금지시키기 위한 조항이 아니다'라고 명시되어 있습니다. 따라서 동 의정서 제6조에 대한 개정 논의 과정에서 당사국들은 비회원국뿐만 아니라 회원국들에도 당해 조항이 마찬가지로 적용되어야 한다고 결론을 내렸습니다.

### 2) 반입국이 비회원국인 경우 의정서 이행을 어떻게 보장하는가

이러한 논의 과정을 거쳐 채택된 제6조의 개정 내용을 살펴보면, 동 조 제2.1항은 회원국들에 대해 적용되는 규정이고 제2.2항은 비회원국들에 대해 적용되는 규정입니다. 우선 이산화탄소를 다른 회원국으로 반출하는 경우에는, 동 조 제2.1항에 의거해 반출국과 반입국 사이에 관계 협정을 체결해야 하고 당해 협정에는 허가 책임 등에 관한 사항이 명기되어야 합니다. 그리고 이산화탄소를 비회원국으로 반출하는 경우에는, 동 의정서 제6조 2.2항에 의거해 마찬가지로 반출국과 반입국 사이에 협정을 체결하고 당해 협정에 따라 이산화탄소를 반출·투기해야 하는데, 그러한 경우에도 당해 협정 등은 런던의정서의 해양 환경 보호 및 보전 의무를 저해하지 않도록 필요한 조항들을 포함해야 합니다. 이는 동 의정서 제6조의 개정에 관한 당사국회의 결의에서도 나타나 있습니다. 이를 요약해보면, 당사국들은 이산화탄소를 비회원국으로 반출하는 경우에도, 런던의정서에서 규정하고 있는 의무 등을 저해하지 않도록 그와 동등한 수준의 의무를 규정하는 협정을 통해 이산화탄소를 비회원국으로 반출해야 합니다.

### 3) 누가 저장을 허가할 것인가

해양 투기의 허가국에 관한 문제는 런던의정서 제6조가 개정되기 전에는 커다란 문제가 아니었습니다. 왜냐하면 동 의정서 제6조의 개정 전에는 이산화탄소를 포함한 폐기물 및 기타 물질의 반출이 허용되지 않았으므로 해양 투기 국가, 선적 국가, 기국(flag state)만 이산화탄소 해양 지중 저장을 포함한 해양 투기를 허가할 권리를 가지고 있었기 때문입니다.

그러나 런던의정서 제6조가 개정됨으로써 어떤 국가가 해양 투기 허가국이 되는가에 대한 구별이 달라지게 되었습니다. 즉, 폐기물 및 기타 물질을 수출하지 않을 경우에는 해양 투기 허가국이 이전과 동일하게 해양 투기 국가, 선적 국가, 기국(flag state)이지만, 개정된 조항에 따라 이산화탄소를 수출, 반출하는 경우에는 당해 이산화탄소 반출국이 해양 투기 허가국이 됩니다. 다시 말해, 이산화탄소 수출의 경우에 있어서는 런던의정서 제4조 및 부속서 2 규정상 해양 투기 허가국이란 당해 이산화탄소의 반출국이며, 동 반출국만이 허가 의무를 부담하게 됩니다.

한편, 런던의정서 제3조 4항에 따르면, 런던협약이나 의정서의 어떠한 조항도 당사국이 개별적 또는 공동으로 오염을 방지, 감소 및 제거하는 것 등에 관한 국제법에 따라 보다 엄격한 조치를 취하는 것으로 해석될 수 없습니다. 즉, 런던협약과 의정서의 규정은 해양 투기 규제의 최저 기준이고 최대 기준이 아니기 때문에, 국가들은 동 협약 및 의정서 보다 더욱 강력한 허가 조치나 환경 보호 조치를 취해도 무방합니다.

또한 상기와 같은 런던의정서에 따른 해양 투기 허가 의무 및 권한은 연안국(coastal state)이나 기국(flag state)이 국제법적으로 적법하게 갖는 관할권, 주권, 혹은 주권적 권리에 의해 해양 투기를 허가할 권리를 침해하지 아니합니다. 왜냐하면 이는 앞서 말씀드린 바와 같이 런던협약 및 의정서의 규정은 해양 투기 규제의 최저 기준에 불과하기 때문입니다. 따라서 동 협약과 의정서를 이행하는데 있어서 1982년 유엔해양법협약(United Nations Convention on the Law of the Sea; UNCLOS)에 의해 부여된 의무를 동시에 이행해야 합니다. 예를 들어, 유엔해양법협약 제210조 5항에 따르면, 외국의 배타적 경제수역이나 대륙붕에서 해양 투기를 하기 위해서는 연안국의 사전 승인(prior approval)이 필요한데, 이러한 연안국의 승인 권리를 런던협약이나 의정서가 침해할 수 없습니다. 그러므로 런던의정서에 의거해 반출국이 허가를 하였다고 하더라도 연안국은 유엔해양법에 의거하여 그에 대한 사전 승인을 부여할 수 있는 권한을 가집니다.

**4) 두 개 이상 국가들이 저장소를 공유하는 경우, 동일한 저장소에서 인위적으로 저장 위치를 이동시키는 것은 '반출'에 해당되는가**

다음에 논의할 주제는 저장소가 두 개 이상의 국가들에 의해 공유되는 경우에 그러한 동일한 저장소 내에서 인위적으로 이산화탄소의 저장 위치를 이동시키는 것이 반출에 해당하는가의 문제입니다. 이에 대한 결론을 말씀드리면, 런던의정서 제6조는 해양 투기 혹은 해양 소각을 목적으로 폐기물을 반출하는 것을 금지하기 위한 규정입니다. 따라서 동일한 지중 저장소 내에서 인위적으로 이산화탄소 위치를 이동시키거나 혹은 자연적으로 이산화탄소의 위치가 변경되는 것은 해양 투기나 소각에 해당되지 않기 때문에 동 의정서 제6조의 규정이 적용될 수 없다는 것이 당사국들의 견해입니다.

이러한 런던의정서 제6조에 관한 해석은 '런던의정서 제6조의 개정에 관한 결의'에서도 명시되어 있습니다(Resolution LP.3(4)).

**5) 동일한 저장소 내에서 이산화탄소의 위치가 자연적으로 변경된 경우, 런던의정서 제6조의 관리대상에 해당되는가**

앞서 언급한 바와 같이, 동일한 저장소 내에서 이산화탄소의 위치가 자연적으로 변경된 경우에도 이는 해양 투기나 소각에 해당되지 않기 때문에 런던의정서 제6조 규정이 적용되지 않습니다.

특히 런던의정서 제6조의 개정 문제를 논의하면서 많은 국가들이 이 러한 이산화탄소의 자연적 이동의 경우에 대해 적용될 수 있는 국제 법들을 나열한 바 있는데, 북동대서양 해양환경보호 협약(Convention for the Protection of the Marine Environment of the North-East Atlantic; OSPAR Convention) 제21조, 이산화탄소의 지중 저장에 관한 유럽연합 지침 제24조 등이 그것입니다. 그러나 이러한 협약이나 조약은 우리나 라이나 동북아시아 주변 수역에서는 그대로 적용될 수 없고, 우리나라 과 동북아시아 주변 수역에서 적용될 수 있는 국제법에 관해서는 차후 에 논의하도록 하겠습니다.


## 5. 런던의정서 제6조 개정에 내재된 문제점

그렇다면, 런던의정서 제6조의 개정에 어떤 문제점이 내재되어 있는 가에 관해 발표하겠습니다.

동 의정서 제6조의 개정 당시 독일은, 이산화탄소의 반출을 고려하 는 국가는 이를 국외로 반출하기 이전에 자국 내에 적합한 저장소가 있 는지를 검토해야 하며 자국 내에 그러한 저장소가 존재하는 경우에는 이산화탄소를 자국 내에 저장하고 그렇지 아니한 경우에만 이를 국외 로 반출해야 한다고 주장하였습니다. 독일은 이러한 내용을 런던의정 서 규정에 포함시킬 것을 제안하였으나, 대다수의 국가들이 이러한 독 일의 주장에 대해 반대 견해를 표명하여 당해 내용이 명문화되지 않았 습니다.

이에 따라 현재 런던의정서하에서는, 선진국들이 환경 문제를 야기 할 수 있는 이산화탄소의 저장 활동을 후진국 혹은 개발도상국들에 전 가할 수 있다는 가능성이 있습니다. 즉, 개정된 런던의정서 제6조에서, 이산화탄소의 반출을 고려하는 국가가 자국 내에 적합한 이산화탄소 저장소가 있는지를 사전에 검토해야 할 의무를 부담하지 않기 때문에, 선진국들이 환경 문제에 대한 부담, 즉 환경 안보 문제를 후진국과 개발도상국들에게 부담시킬 수 있는 문제가 있습니다.

## 6. 한반도 주변해역에서 런던의정서 제6조 개정의 함의

다음에는, 상기와 같은 런던의정서 제6조의 개정이 한반도 주변해역에서 어떤 함의를 가질 수 있는가에 관해 말씀드리겠습니다.

우리나라은 기후변화협약에 대한 교토의정서하에서 이산화탄소의 저감 의무를 부담하고 있지 않습니다. 한편, 우리나라에서는 이산화탄소 해저 지중 저장에 관연 연구들이 현재 진행되고 있으나, 이를 구체적으로 실현하는 이산화탄소 지중 저장 프로젝트들이 실시되고 있지는 않은 것으로 알고 있습니다. 아직까지 우리나라은 적합한 지중 저장 장소를 검토하는 단계에 있는 것으로 파악됩니다.

우리나라은, 앞서 말씀드린 바와 같이, 국제법적으로 이산화탄소 저감 의무를 부담하고 있지 않기 때문에 이산화탄소 해저 지중 저장에 관한 연구들을 시급히 진척시켜야 할 동기가 충분하지 않습니다. 게다가 이산화탄소를 신속하게 반출하거나 혹은 반입할 수 있는 공간적 설비들이 우리나라에 현재 충분히 갖추어져 있는가에 대해서도 의문이 듭니다. 즉, 우리나라의 주변해역 중에서 울릉분지 등 이산화탄소 저장이 가능한 장소가 일부 존재하고 있으나 당해 지역이 국외로부터 반입되는 이산화탄소를 수용할 만큼 공간적으로 충분한지에 관해 의구심이 듭니다.

이와 같은 이유들로 인해, 런던의정서 제6조의 개정이 우리나라에 미칠 영향은 현재로서 거의 없을 것으로 사료됩니다.

## 7. 두 개 이상의 국가가 저장소를 공유하는 경우의 문제

따라서 우리나라의 입장에서는 런던의정서 제6조 개정의 영향 등
에 관해 논의하기보다는, 앞서 설명한 내용 중에서 두 개 이상의 국가
가 저장소를 공유하는 경우의 문제들에 관한 논의가 선행되어야 할 것
입니다. 왜냐하면, 이산화탄소 저장소 내에서의 인위적 혹은 자연적인
위치 이동이나 향후 유출 문제가 한반도 주변해역에서 발생할 수 있기
때문입니다.

따라서 두 개 이상의 국가가 이산화탄소 해저 지중 저장을 위한 저장
소를 공유하는 경우 이산화탄소의 이동이나 유출을 대비하기 위한 조
치로서, 모니터링 책임, 이산화탄소 저장에 관한 사전 통보 책임, 관리
책임 등을 어떤 국가가 부담해야 하는지에 관한 연구가 중요하다고 생
각합니다. 또한 이산화탄소의 유출로 인해 피해가 발생한 경우 피해국
이 그에 대한 보상을 요구할 수 있는 법적 근거 등에 관해서도 연구가
필요합니다.

우선, 두 개 이상의 국가가 저장소를 공유하는 경우 당해 저장소 내
에서의 이산화탄소 이동 및 다른 국가로의 유출 문제를 규제·관리하
기 위해 적용될 수 있는 국제법은 유엔해양법협약 제194조 및 제208조
가 있습니다.

유엔해양법협약 제194조는 해양환경 오염의 방지, 경감 및 통제를
위한 조치에 관한 조항이고, 제208조는 국가관할권에 따른 해저활동에
의한 오염에 관한 조항입니다. 유엔해양법협약의 당해 조항들은 오염
을 유발할 수 있는 활동들을 전면적으로 금지하기 위한 규정은 아니고,
그러한 활동들을 수행하는데 있어서 오염을 예방하기 위한 모든 조치
를 취해야 할 의무를 국가들에게 부담시키고 있는 규정입니다.

한편 이에 관련된 국제 판례들을 살펴보면, Trail Smelter Case(1905)
와 Corfu Channel Case(1949), 그리고 Nuclear Test Case(1974) 등이 있
습니다. 이러한 판례들을 통해 '어떤 국가도 다른 국가에게 의도적으

로 심각한 피해를 줄 수 있는 방법으로 또는 다른 국가의 권리에 반하는 행동을 하기 위해서 자국의 영토를 사용하거나 이를 사용할 수 있는 허가를 제공할 권리가 없다'는 원칙이 확립되었습니다.

하지만, 이러한 국제법적 원칙은 포괄적인 원칙에 불과하고 구체적인 법적 근거는 되지 못한다는 것이 다수의 견해입니다. 또한 상기 사례들은 '충실한 의무 이행(Due Diligence)'에도 불구하고 우연적으로 발생할 수 있는 경우에 관한 피해 보상 혹은 그에 관한 법적 의무 부가에 관한 사례에 해당하지 않습니다.

그리고 동 사안과 관련된 또 다른 국제법으로서 '국가책임에 관한 협약 초안(Draft Articles on State Responsibility)'을 살펴보면, 동 협약 초안 제31조는 가해국의 피해 보상 책임에 관해 규정하고 있습니다. 하지만 동 협약 초안도 마찬가지로, 가해국이 당해 피해 혹은 오염을 예방하기 위한 조치, 즉 국제법적 의무를 충실히 이행한 경우에는 적용되지 아니합니다. 따라서 예를 들어, 해저 지중에 저장된 이산화탄소에 대해 가해국이 모니터링 및 관리 조치를 충실히 이행하였다면, 지진파 등과 같이 자연적이고 우연적인 원인으로 인해 당해 이산화탄소가 유출되었을지라도 동 협약 초안을 원용하여 가해국에게 피해 보상을 요구할 수 없습니다.

결론적으로, 우리나라의 주변해역에서 발생 가능한 이산화탄소 해저 지중 저장 문제와 관련하여 적용될 수 있는 국제법은 현재 존재하지 않습니다. 그러나 앞서 언급한 바와 같이, 우리나라의 울릉분지 등과 같은 장소에서 한국, 중국, 일본이 이산화탄소 저장소를 공유할 가능성이 높기 때문에, 이산화탄소의 이동이나 유출에 대비하여 주요 법적 현안들에 대한 당사국들의 논의가 시급히 필요합니다.

이상으로 발표를 마치겠습니다.

• 이석우

감사합니다. 런던의정서 제6조의 개정 연혁과 내용, 그리고 당해 조항의 개정이 우리나라의 주변해역 관리에 대해 미칠 영향 등에 관해 김정은 박사께서 발표해 주셨습니다.

제1부의 동 주제와 관련하여 두 명의 지명 토론자들이 발표를 하겠습니다. 우선, 이화여자대학교 법과대학 김영석 교수의 발표를 듣겠습니다.

• 김영석 [ 발표 1에 대한 지명토론 ]

안녕하십니까, 이화여자대학교 교수 김영석입니다. 이산화탄소의 해저지질구조 격리라는 주제에 관해 지정 토론자로서 두 가지 사항들을 말씀드리겠습니다.

첫째로, 런던의정서 제6조의 개정 내용 중에서 '반출대상국의 범위'에 관한 사안입니다. 우선, 런던의정서 제6조 개정 당시에 이루어진 여러 가지 법적 쟁점들에 관한 논의들에 대해 김정은 박사가 일목요연하게 정리하여 발표해 주셨습니다.

발표자의 견해에 따르면, 런던의정서 제6조에 의거하여 폐기물 및 기타 물질을 국외로 반출하는 경우 그러한 반출의 대상 국가에는 런던의정서 비당사국뿐만 아니라 당사국도 포함됩니다. 저도 발표자의 이러한 의견에 동의합니다.

토론회 자료집에 수록된 참고 자료들 중에서 런던의정서 제6조의 개정에 관한 부속서(Amendment to Article 6 of the London Protocol, LC-LP.1/Circ.36)를 살펴보면, 동 조 제1항의 내용은 개정되기 전과 동일하고 제2항이 신설되었습니다. 신설된 제2항은 '제1항에도 불구하고 부속서 1에 따라 처분하기 위해 이산화탄소를 반출하는 것은 관련 국가들 간에 협정 등이 체결된 경우에 가능하다'고 규정되어 있습니다. 즉, 동 조의 제1항에서는 폐기물 및 기타 물질의 반출이 포괄적으로 금지되어 있으나, 제2항은 이산화탄소에 대해서는 예외적으로 관련 국가들(the countries concerned)의 협정에 의해 이를 반출할 수 있도록 하였습니다. 이때 '관련 국가들(the countries concerned)' 이란, 동 조의 맥락에서 볼 때, 런던의정서의 당사국과 비당사국 모두를 포함하는 것으로 이해해야 합니다.

다시 말해, 개정된 런던의정서 제6조 제2항은 이산화탄소의 반출 조건으로서 관련 국가들 간에 협정이 체결되어야 한다고 규정하고 그러한 협정에 포함되어야 할 사항들을 제1호와 제2호에서 명시하였는데, 제1호는 당사국에 이산화탄소를 반출하는 경우에 관한 사항이고 제2호는 비당사국에 이산화탄소를 반출하는 경우에 관한 규정입니다. 따라서 당해 조항에서 '관련 국가들(the countries concerned)' 이란 제1호와 제2호에서의 런던의정서의 당사국과 비당사국 모두를 포함하는 것입니다.

동 조 제2항 제1호를 살펴보면, '동 의정서 및 기타 관련 국제법에 의거하여 반출국과 반입국(the exporting and receiving countries) 사이에 허가 책임에 관한 확정 및 분담'이라고 규정되어 있는데, 이때 '반출국과 반입국(the exporting and receiving countries)'이란, 앞서 말씀드린 바와 같이, 런던의정서 당사국들을 지칭하는 것입니다.

그리고 동 조 제2항 제2호는, 당해 조항의 서두에 명시된 바와 같이, 비당사국에 이산화탄소를 반출하는 경우(in the case of export to non-Contracting Parties)에 관한 것입니다. 동 조 제2항 제2호는 '비당사국에 이산화탄소를 반출하는 경우, 당해 협정이 동 의정서에 따른 당사국들의 해양 환경 보호 및 보존 의무를 저해하지 않도록 보장하기 위한 동 의정서 부속서 2의 규정들을 준수하기 위한 허가 발행 및 허가 조건들에 관한 규정들을 포함해 동 의정서에 포함된 규정과 최소한 동등한 수준의 규정(in the case of export to non-Contracting Parties, provisions at a minimum equivalent to those contained in this Protocol, including those relating to the issuance of permits and permit conditions for complying with the provisions of annex 2, to ensure that the agreement or arrangement does not derogate from the obligations of Contracting Parties under this Protocol to protect and preserve the marine environment)'이라고 명시되어 있습니다.

개정된 런던의정서 제6조가 제2항에서 동 의정서 당사국과 비당사국을 구분해 규정하고 있는 것은, 비당사국으로의 이산화탄소 반출의 경우 이러한 폐기물 및 기타 물질의 반출 활동이 런던의정서의 기본 의무들을 회피하지 않도록 하기 위한 목적이라고 사료됩니다.

결론적으로, 런던의정서 제6조의 개정은 동 의정서의 당사국들 뿐만 아니라 비당사국들에 대해서도 당해 의정서를 동일하게 적용하기 위한 조치라고 생각합니다.

둘째로, 이산화탄소의 해저 지중 저장과 관련된 국제법상 국가책임 문제에 관해 말씀드리겠습니다.

국제법상 국가책임(State Responsibility)이란, 국가가 스스로의 국제위법행위(internationally wrongful act)에 대해 부담하는 국제법상의 책임을 의미합니다. 이러한 국가책임의 발생 요건에는 '당해 행위의 국가 귀속성'과 '당해 행위의 국제의무 위반'이 포함됩니다. 예를 들어, 국내법에 의해 권한을 위임받은 개인, 즉 공무원 등이 행한 행위가 국제의무를 위반한 것이라면 이는 국가책임을 발생시키게 됩니다. 이때, '과실의 존재 여부'가 국가책임의 성립 요건에 포함되어야 하는지에 관해 학설들이 대립하고 있습니다.

김정은 박사의 발표에 따르면, 두 개 이상의 국가가 공유하는 이산화탄소 저장소에서 이산화탄소가 인위적 혹은 자연적으로 이동한 경우, 관련 국가가 오염 예방 조치의 이행 등과 같은 국제법상의 의무를 충실히 이행한 경우(Due Diligence)라면 국가책임에 관한 협약 초안(Draft Articles on State Responsibility) 제31조에 따른 피해보상 책임을 부담하지 않게 됩니다.

그러나 앞서 말씀드린 바와 같이 국가책임에 관해 명확하게 규정하고 있는 국제법이 현존하지 않기 때문에 김정은 박사의 견해에 대하여는 추가적인 연구가 필요하다고 생각합니다. 즉, 일부 학자들은 환경 보호의 측면에서 어떤 국가에 피해가 발생한 경우 과실 존재 여부와 상관없이 가해국이 그에 대한 국가책임을 부담해야 한다고 주장하기도 합니다. 따라서 환경 분야에서의 국가책임 문제와 관련해 추가적인 연구가 필요하다는 데에는 발표자도 동의하고 있다고 생각합니다.

이상으로 지정 토론을 마치겠습니다.

• 이석우

지정 토론을 발표해 주신 김영석 교수에게 감사를 드립니다. 김영석 교수는 런던의정서 제6조의 적용 대상에 관한 문제와 국가책임에 관한 문제 등 두 가지에 관해 발표하였습니다.

다음으로, 서울대학교 행정대학원 구민교 교수께서 지정 토론을 하겠습니다. 그리고 구민교 교수의 지정 토론 후에 이러한 지정 토론자들의 견해에 관해 김정은 박사의 답변을 들도록 하겠습니다.

• 구민교 [ 발표 1에 대한 지명토론 ]

감사합니다. 서울대학교 교수 구민교입니다.

저는 그동안 이산화탄소 해저 지중저장 문제에 관해 심도 있는 연구를 하지 못했는데, 일목요연하게 정리된 김정은 박사의 발표를 통해 많은 공부를 할 수 있었습니다.

이산화탄소의 해저 지중 저장 문제와 관련해 정치적, 행정학적 관점에서 지정 토론해 달라는 홍기훈 박사의 요청이 있었기 때문에, 그에 관한 두 가지 사항들을 말씀드리겠습니다.

첫째로, 런던의정서 제6조의 개정으로 인해 발생할 수 있는 정치적 문제에 관해 발표하겠습니다.

런던의정서 제6조가 개정됨에 따라 이산화탄소의 수출에 관한 제한이나 규제가 완화되었습니다. 이에 따라 폐기물 및 기타 물질의 수출은 여전히 포괄적으로 금지되지만, 이산화탄소는 예외적으로 수출이 가능하게 되었습니다.

런던의정서는 이러한 이산화탄소 수출에 관해 여러 가지 법적 안전 장치들을 마련하고 있으나, 이산화탄소 해저 지중 저장에 관한 기술이 아직 완벽하게 검증되지 않은 것이기 때문에 여전히 많은 우려가 존재합니다.

또한 이산화탄소 수출 문제는 근본적으로 결국 폐기물 수출(Trash Export) 문제로 귀결될 것입니다. 따라서 런던의정서 제6조 개정으로 인한 이산화탄소의 수출은, 기후변화협약(United Nations Framework Convention on Climate Change)의 주요 원칙들 중 하나인 차별적 공동 책임 원칙을 고려할 때, 또 다른 남북 문제를 야기할 수 있습니다. 즉, 런던의정서 제6조의 개정은 선진국과 후진국 간에 경제 문제를 야기할 소지가 있으며, 그에 대해 런던의정서는 충분한 대안을 마련하지 못하고 있다고 사료됩니다.

런던의정서 개정을 통해 이산화탄소의 수출이 활성화된다면 후진국들은 경제적 수입을 얻기 때문에 그에 대해 단호하게 반대하지 않을 것 같습니다. 그러나 후진국들이 얻게 되는 단기적인 경제적 이득에도 불구하고, 이러한 이산화탄소의 수출이 장기적으로 후진국들에게 바람직한 것인가에 대한 논란의 여지가 있을 것입니다. 따라서 이산화탄소 수출로 인한 남북 문제에 관해서는 런던의정서 체제에서 지속적으로 논의가 이루어져야 합니다.

한편, 이에 관한 부차적인 논의로서, 기후변화협약의 탄소배출권 거래(Carbon Emission Trading)에 관한 규정들이 런던의정서에 따른 이산화탄소 해저 지중 저장 활동에도 적용될 수 있는지에 관해 김정은 박사의 견해를 듣고 싶습니다.

둘째로, 이산화탄소의 해저 지중 저장에 관한 런던의정서와 관련 상위 규범들과의 중첩 문제에 관해 말씀드리겠습니다.

런던의정서와 다른 상위 규범, 즉 유엔해양법협약의 관할 범위가 중

첩되었을 경우, 이를 어떻게 해결해야 하는가에 관해 발표자는 비교적 구체적인 대안을 제시했습니다. 그러나 국가 관할권의 중첩 문제, 국제협약들 간의 충돌 문제에 관한 발표자의 해석이 우리나라를 포함한 동북아시아 해역에 대해서도 동일하게 적용될 수 있을지에 관해 의문이 듭니다.

현재, 동북아 해역을 포함해 동아시아 국가들은 해양 경계 획정에 관한 합의 혹은 협정을 이루지 못하고 있습니다. 또한 관련 국가들 간의 다양한 정치적인 이유로 인해, 향후에도 이러한 해양 경계 획정 문제를 해결하는 데에 얼마만큼의 시간이 소요될지는 예측할 수 없습니다. 게다가 당해 지역 국가들은 현재에도 어업 및 자원 개발 등과 같은 사안들에서 첨예하고 대립하고 있습니다.

따라서 동북아시아를 포함한 동아시아 해역에서 이산화탄소의 해저 지중 저장 문제를 시급히 논의할 필요가 없다고 할지라도, 만약 어떤 국가가 이산화탄소의 해저 지중 저장 활동을 개시한다면 이는 주변 국가들이 매우 첨예하게 대립하는 정치적 문제로 비화될 수 있을 것입니다. 예를 들어, 중국이 우리나라나 기타 주변 국가들과 협의하지 않고 일방적으로 서해 혹은 동중국해에서 이산화탄소 해저 지중 저장을 시도한다면, 당해 해역은 우리나라와 중국 간에 배타적 경제수역 및 대륙붕에 대한 경계 획정이 이루어지지 않았기 때문에 우리나라는 이러한 중국의 활동을 매우 민감한 정치적 사안으로 고려하게 될 것입니다.

발표자는 이산화탄소의 해저 지중 저장 문제가 동북아시아 해역에서 시급히 논의되어야 할 사안이 아니라고 판단하였으나, 저는 당해 사안이 매우 민감한 정치적 문제를 야기할 수 있다고 생각합니다.

또한 앞서 말씀드린 바와 같이, 동북아시아 해역에서 해양 경계에 관한 관련 국가들의 합의가 이루어지지 않았기 때문에 주변 국가들 간에 이산화탄소 저장소를 공유 (Sharing)하는 것은 당장에 불가능하다고 생각합니다. 예를 들어, 울릉 분지 등과 같은 해역에서 우리나라와 일본이 이산화탄소 저장소를 물리적으로 공유하고 있다고 할지라도, 양국이 이를 공동으로 관리, 규제할 수 있을지에 관해 의문이 듭니다.

결론적으로, 동북아시아 해역에서 이산화탄소 해저 지중 저장에 관한 논의는 주변 국가들 간의 해양 경계 획정 문제가 해결될 때까지 동결되는 것이 바람직하다고 생각합니다. 물론 이러한 해양 경계 획정에 관한 국가들 간의 합의가 수월하게 이루어지지 않을 것입니다. 그러나 앞서 말씀드린 바와 같이, 영해 밖에서 행해지는 이산화탄소 해저 지중 저장 활동은 분명히 민감한 정치적 문제를 야기할 수 있다는 것을 유념해야 합니다.

• 이석우

지정 토론을 한 김영석 교수와 구민교 교수에게 감사드립니다.

지정 토론자들의 발표 및 질의들에 관해 발표자가 답변할 차례입니다. 그런데 지정 토론자들의 논평이 단편적으로 답변할 수 있는 사안들이 아니기 때문에 발표자께서 그에 대해 검토할 시간이 필요하다고 생각합니다.

마침 백진현 선생님을 대신하여 제가 차후의 종합 토론 사회를 맡기로 되어 있고 당해 종합 토론에 많은 시간이 할애되어 있기 때문에, 제1부 발표에 대한 지정 토론자들의 논의에 관해서는 종합 토론 순서에서 함께 논의하도록 하겠습니다.

이것으로 제1부 이산화탄소 해저 지질 구조 격리 사업에 관한 주제 발표와 지정 토론을 마치겠습니다. 제2부의 주제는 해양시비(海洋施肥, Ocean Fertilization)로서 구민교 교수가 사회를 맡겠습니다.

• 구민교

안녕하십니까, 제2부 해양시비(海洋施肥, Ocean Fertilization)의 사회를 맡은 구민교입니다.

해양시비에 관한 제2부의 발표 순서를 말씀드리면, 한국해양연구원의 홍기훈 박사께서 주제 발표를 하고 한국환경정책평가연구원의 한상운 박사와 해양수산개발원의 박수진 박사께서 지정 토론을 하겠습니다. 회의 일정표에 따라 주제 발표에 약 20분의 시간을 할애하고, 지정 토론들에는 약 15분의 시간을 할애할 계획입니다.
한국해양연구원의 홍기훈 박사께서 해양시비(海洋施肥, Ocean Fertilization)에 관해 주제 발표를 하겠습니다.

• 홍기훈
안녕하십니까, 한국해양연구원 홍기훈입니다.
제1부에서 논의된 이산화탄소 해저 지질 구조 격리에 관한 주제와 제2부 해양시비에 관한 주제들은 모두 국내에서는 활발하게 논의되지 않던 내용입니다. 따라서 이러한 주제들을 심도 있게 소개하고 토론하기 위해서는 많은 시간이 필요합니다. 동 토론회를 계기로 하여 향후에도 이를 상세하게 논의하기 위한 기회를 마련할 수 있도록 국토해양부와 긴밀하게 협력하겠습니다.
해양시비(海洋施肥, Ocean Fertilization)에 관한 내용들은 대부분 기술적인 사항들이 많기 때문에, 동 토론회에서는 참석자들이 당해 주제를 용이하게 이해할 수 있도록 하기 위해 그에 관한 개념들을 중심으로 간단하게 소개하겠습니다.
주제 발표 순서는 첫째로, 해양시비란 무엇인가에 관해 말씀드리겠습니다. 이와 관련하여, 해양 생물이 대기 중 이산화탄소를 흡수하는 기작과 해양 탄소 순환에 관해 설명하고 해양시비사업의 본질에 관해서도 말씀드리겠습니다.
둘째로, 해양시비와 관련된 국제조약들 중에서 기후변화협약(United Nations Framework Convention on Climate Change)과 유엔해양법협약(United Nations Convention on the Law of the Sea; UNCLOS)에 관해 발표하겠습니다. 대기 중 이산화탄소를 흡수하기 위한 해양시비

활동은, 당해 활동의 효율성을 고려할 때, 세계의 모든 해양에서 수행되기에 적합한 것은 아닙니다. 즉, 해양시비 활동을 통해 대기 중 이산화탄소를 효율적으로 흡수하여 기후 변화에 영향을 미치기에 적합한 후보지들이 존재합니다. 그러나 이러한 후보지들의 국제법상 지위가 다르기 때문에 유엔해양법협약에서 해양의 지위에 관한 규정들을 함께 검토해야 합니다.

셋째로, 대기 중 이산화탄소를 감축하는데 있어서 해양시비 활동의 효율성에 관한 과학적 평가(Scientific Assessment)를 검토하겠습니다. 그리고 마지막으로 이러한 해양시비 활동에 수반되는 해양 환경에 대한 위험들을 고찰하고, 생물다양성협약(Convention on Biological Diversity)에서의 해양시비 활동에 관한 논의들을 말씀드리겠습니다.

〈발표 2〉 해양시비 _ 홍기훈

## 1. 해양 생물의 대기 중 이산화탄소 흡수 기작과 해양 탄소 순환

해양의 구조를 살펴보면, 해양은 표층과 심부로 구성되고 해양 표층의 상부에는 대기, 그리고 태양이 존재하고 있습니다. 태양이 떠 있는 낮 동안에 육상에서 온도가 올라가듯이, 바다에서도 태양과 가까운 거리에 있는 표층이 온도가 높고 태양으로부터 멀리 떨어져 있는 심부의 온도는 낮습니다. 대체로 해양 표층의 온도는 약 24℃이고 심부의 온도는 약 2℃입니다. 물질의 온도가 높다는 것은 밀도가 낮다는 것을 의미하기 때문에, 무게가 가벼운 물이 무거운 물의 상부에 존재하게 됩니다. 즉, 해양은 태양으로부터 열을 흡수하여 온도가 높은 저밀도의 표층과 온도가 낮은 고밀도의 심부의 2개 층으로 나뉘어져 있습니다.

그런데 햇빛은 해양의 표층에만 존재하기 때문에, 식물은 해양 심부에서 광합성을 할 수 없고 해양 표층에서만 광합성을 할 수 있습니다. 한편, 식물들은 해양 표층으로부터 심부로 가라앉으면서 계속 분해되는데, 이러한 분해 과정에서 식물의 본래 구성물질이 다시 나오는 것을 식물영양소라고 지칭합니다. 이러한 식물 분해과정 등으로 인해 식물영양소는 해양 표면에는 거의 없고 심부에 매우 많습니다. 그리고 이산화탄소도 해양 표면에서 양이 적은 반면에 심부에서 양이 많습니다. 그러나 해양 표면과 심부의 이산화탄소 함량 차이는 실제로 크지 않으며, 심부의 이산화탄소가 표면보다 약 20% 많습니다.

육지에서의 농업 활동을 예로 들면, 식물에 비료를 공급하는 것은 식물 광합성을 활발하게 하여 작물의 성장을 촉진시키려는 것입니다. 해양에서의 식물 광합성은 육상의 경우와 유사하지만, 육상과는 다른 특이한 조건들이 존재하고 있습니다. 즉, 해양에서는 철, 인산, 질소 등과 같이 식물이 광합성 활동을 하기 위한 영양소들이 상당히 부족합니다.

이를 구체적으로 살펴보면, 발표 자료에 나타난 바와 같이, 해양 식물이 광합성을 하기 위해 필요한 영양소들 중 탄소(Carbon)는 해양에 풍부하게 존재하나, 질소(Nitrogen)와 인(Phosphorus)은 상대적으로 적은 양이 존재하고 철(Iron)은 매우 적은 양만 존재하고 있습니다. 따라서 적은 양의 철을 해양에 첨가함으로써 식물의 광합성을 촉진할 수 있으며, 이를 통해 많은 양의 탄소를 고정할 수 있습니다. 즉, 해양에서 1g의 철을 첨가하면 10만g의 탄소를 고정할 수 있게 됩니다.

이러한 해양 식물의 광합성을 통해 이산화탄소는 해양생물체의 형태로 변환되어 해저로 가라앉게 됩니다. 즉, 해양 식물이 광합성을 통해 이산화탄소를 자신의 몸으로 만들어 심부로 가라앉는 것을 '생물적 펌프(biological pump)'라고 지칭하며, 식물의 광합성을 촉진하기 위해 필요한 영양소를 해양에 첨부하는 것을 '비료를 준다'고 일컫습니다.

한편, 이러한 생물펌프 이외에도 해양에서 이산화탄소 순환과 관련된 다른 활동이 존재하고 있습니다. 즉, 겨울철에 해양 표층의 차가운 해수가 심부로 가라앉거나 혹은 바람 등과 같은 자연현상으로 인해 하부의 해수가 용승하는 '물리적 펌프(physical pump)'가 존재하며, 이는 생물학적 펌프와 함께 해양에서 작동하고 있습니다.

지구 전체에서 해양 순환을 살펴보면, 북대서양의 노르웨이 주변 해역에서 표층의 해수가 심부로 가라앉아 남대서양과 인도양을 경유하여 다시 태평양에서 표층으로 용승하며, 이러한 해수 순환 과정은 약 천 년이 소요됩니다. 이는 이론적으로는, 심부로 가라앉는 해수에 이산화탄소를 투입하면 천 년이 지난 후에 다시 해양 표층으로 나오게 된다는 것을 의미합니다. 따라서 이러한 해수 순환을 이용해 이산화탄소를 해양 심부에 격리하자는 주장이 주장되기도 합니다.

해양에서 이산화탄소의 흡수는 실질적으로, 상기와 같은 생물 및 물리적 작용들 중에서 대체로 물리적 작용에 의존하고 있습니다. 그러나 이러한 물리적 작용은 인간이 제어할 수 있는 에너지의 범위를 넘어서기 때문에, 생물 작용을 통한 이산화탄소 흡수 방안들이 주로 논의되는 것입니다.

즉, 해양시비사업이란, 해양 표면에 영양물질을 공급하여 해양 식물의 성장을 촉진시키고 이를 통해 이산화탄소를 대기로부터 격리하는 것입니다. 이러한 해양시비 활동은 해양 표면에 직접적으로 영양물질을 투입하는 방안과 영양물질이 많은 심층 해수를 표층으로 용승시키는 방안 등이 있습니다. 그 중에서 심층 해수를 용승시키는 방안은 영양물질뿐만 아니라 이산화탄소를 함께 이동시킬 수 있고, 또한 앞서 언급한 바와 같이 심층 해수의 온도가 낮기 때문에 표층 해수의 냉각 효과를 가져 오게 됩니다.

한편, 해양에 직접적으로 영양물질을 투입하는 경우, 이러한 활동을 위한 특정 후보지들이 정해져 있습니다. 왜냐하면 아무 해역에서나 영양물질들을 투입하는 것은 비효율적이고, 특정 영양물질이 부족한 해역에 당해 영양물질을 투입하는 것이 효율적이기 때문입니다. 예를 들어, 철의 양이 적은 해역들에 한정하여 철을 투입함으로써 해양 식물의 광합성을 촉진시키는 것이 가장 효과적입니다. 이때, 철을 해양에 투입하는 방법은 녹슨 철 등과 같은 쇳가루를 묽은 산과 혼합하여 해양에서 뿌리는 것입니다. 이와 같은 해양시비 활동을 위한 특정 후보지들은 발표 자료에 수록된 지도에 표기되어 있습니다.

이러한 해양시비 활동의 효용성에 관해서는 여러 차례 실험이 행해졌으며, 그 중에서 약 40일의 기간 동안 행해진 실험에 의하면 영양물질의 투입 후 해양에서 플랑크톤의 성장이 실제로 촉진되는 것이 확인되었습니다. 그러나 플랑크톤 성장 이후의 과정들에 대해서는 충분한 연구가 이루어지지 않았으며, 따라서 해양시비 활동에 대한 위험평가가 아직 구체적으로 시행되지 않았습니다.

한편, 영양물질을 직접 투입하는 방안 외에, 해양에 파이프를 배치하여 심부의 해수를 용승시키는 방안이 제기되기도 하였습니다. 이러한 방안은 200~300미터 길이의 파이프에 장치를 부착하여 해양에 배치하면 심부의 해수가 당해 파이프에 차오르게 되어 표층에서 쏟아지는 방식입니다. 이에 따르면, 심부 해수의 영양물질들이 표층으로 용승되기 때문에 해양시비 효과를 발생시킬 수 있고 냉각 효과를 가져오게 됩니다. 또한, 해중 혹은 해저에 구조물을 설치하여 심층수가 해표면으로 올라가도록 유도하는 방안이 제기되기도 하였습니다.

## 2. 유엔기후변화협약과 교토의정서

이러한 해양시비 활동과 관련해, 1992년 유엔기후변화협약(United Nations Framework Convention on Climate Change)은 서문에서 온실가스 흡수원들의 중요성에 관해 언급하였습니다. 동 협약은 또한 제1조를 통해 'Climate System'과 'Sink'에 관해 정의하고, 제3조에서 당사국들로 하여금 'Climate System'을 보호하도록 의무를 부과하였습니다. 그러나 유엔기후변화협약은 이러한 해양 흡수원들을 어떻게 보호할 것인지에 관해서는 구체적으로 규정하고 있지 않습니다.

한편, 1997년 교토의정서(Kyoto Protocol to the United Nations Framework Convention on Climate Change)는 환경 사안에 시장 원리를 적용하여 탄소 배출권 거래제도를 도입하였고, 이에 따라 의무탄소 시장(Compliance Carbon Market)과 자발적 탄소 시장(Voluntary Carbon Market)이 구분되었습니다. 그러나 동 의정서는 해양 흡수원을 National Inventory에 포함시키지 않았기 때문에, 해양시비 활동을 통해 대기로부터 격리한 탄소에 대하여는 교토의정서의 의무시장이 적용되지 않고 자발적 시장이 적용될 것입니다. 런던의정서에서 해양시비에 관한 사안이 논의된 것도 이산화탄소를 감소하는 데 대해 시장 원리가 적용되는 교토의정서체제에서 어떤 당사국이 탄소를 감소시킨 분량을 다른 당사국에 판매할 수 있게 된 것에 기인합니다.

다음으로 해양시비 후보지들의 국제법상 지위에 관해 간략히 설명하겠습니다.

앞서 말씀드린 바와 같이 해양시비를 효율적으로 수행할 수 있는 후보지들은 이미 과학적으로 조사되어 있습니다. 발표 자료의 지도를 참고하면, 세계에서 질소, 철, 인 등과 같은 영양물질이 부족한 해역들이 서로 다른 색으로 표시되어 있습니다. 그리고 검은색 원으로 표시된 지점들이 해양시비에 관한 과학 실험들이 수행된 해역입니다.

결국, 해양시비를 수행하기에 가장 적합한 후보지는 이러한 과학실험들이 행해졌던 주변 해역들일 것이고, 이러한 해양시비 활동들은 대부분 공해에서 수행될 것입니다. 따라서 공해에서의 해양시비 활동에 대한 관할권 문제가 향후 논의될 것으로 사료됩니다.

한편 세계 해양 중에서 약 27%는 연안국의 배타적 경제수역에 포함됩니다. 그리고 이러한 배타적 경제수역에서 생물적 및 물리적 펌프에 의해 자연적인 이산화탄소 흡수가 이루어지고 있습니다. 그럼에도 불구하고 1997년 교토의정서에서 해양 흡수원이 National Inventory에 포함되지 않은 이유는, 배타적 경제수역에서의 이산화탄소 흡수는 자연 발생의 현상이고 이를 당해 목록에 포함하는 것이 공정한지에 대해 국가들이 합의하지 못했기 때문이라고 사료됩니다. 그러나 이에 관해서는 결국 동 협약 및 의정서 체제에서 차후에 추가적으로 논의가 이루어지게 되리라고 생각합니다.


## 3. 해양시비사업의 효율

해양시비사업의 효율성은 실질적으로 매우 미흡할 것으로 예상되고 있습니다. 게다가 해양시비를 수행하는 경우 그로 인한 해양환경의 위험이 다양하게 출현할 수 있습니다. 예를 들어, 부영양화가 초래되어 생물 다양성이 변경될 수 있고, 온실 가스 중의 하나인 아산화질소($N_2O$)의 생성이 증가할 수 있습니다. 또한 심층수의 산소 함량이 감소되든가 혹은 기타 영양물질들이 감소하여 일부 어장들이 소멸할 수 있습니다. 예를 들어, 농업에서 상추를 경작하기 위해 비료를 살포하였으나 오히려 이를 통해 잡초들이 무성하게 되는 것과 마찬가지입니다.

즉, 해양시비사업의 효율성에 관해서는 아직 충분한 실험이나 연구가 수행되지 않았으며, 그에 관한 불확실성들이 여전히 많이 존재하고 있습니다. 예를 들어, 본래 규조류는 독성을 많이 포함하고 있지 않으나, 실제의 실험을 통한 결과에 따르면 규조류로부터 독성 물질들이 많이 발생하기도 하였습니다.


## 4. 런던의정서에서 해양시비사업 관리

런던의정서는 모든 오염원으로부터 해양환경을 보호하려는 목적으로 확대되고 있습니다. 런던의정서에서 2007년에 처음으로 해양시비에 관한 사안을 다룬 것은, 미국의 한 회사가 갈라파고스 외해에서의 해양시비사업에 대한 허가를 미국 정부에 신청한 것이 발단이 되었습니다. 당해 회사는 미국 정부가 해양시비사업의 허가를 거부하자 선박을 다른 국가에 등록하여 이를 추진하려 하였으며, 이에 따라 미국은 당해 사안을 런던협약 및 의정서에서 다루도록 요청하였습니다.

이에 따라, 2007년 런던협약 및 의정서 당사국회의는 해양시비의 효율성 및 잠재적 환경 영향에 관해 알려진 바가 불충분하기 때문에, 이를 정당한 것으로 인정할 수 없다는 것을 재확인하고 그에 관한 법적 체제를 고찰, 개발하기로 합의하였습니다.

그리하여 2008년 런던협약 및 의정서 당사국회의는 해양시비의 규제에 관한 결의를 채택하고 과학 연구를 목적으로 하는 경우에만 제한적으로 해양시비 활동을 허용하기로 합의하였습니다. 2008년 런던협약 및 의정서의 결의의 주요 내용에는, 1) 해양시비에 관한 사안은 런던협약 및 의정서의 관할범위에 포함된다는 것, 2) 이러한 해양시비에는 통상적인 수산 활동들이 포함되지 않는다는 것, 그리고 3) 과학 연구를 목적으로 하는 합법적인 해양시비의 경우 이는 투기(dumping)에 해당하지 않고 '배치(placement)'에 해당된다는 것 등이 포함되어 있습니다.

그런데, '단순한 처분 이외의 목적으로 물질을 해역에 배치하는 행위가 런던의정서의 목적에 위배되지 않는 경우에는 이를 투기로 간주하지 않는다'는 런던의정서의 조항은 이미 이전부터 논의되어 온 것입니다.

배치 행위와 관련하여 특히, 런던협약 및 의정서 회의에서 인공어초의 배치에 관한 사안들이 주로 논의되었는데, 당사국들은 인공어초를 가장해 폐기물을 해양에 투기하는 행위에 대해 우려하였습니다. 이에 따라 당사국들은 (1) 배치(placement)는 폐기물을 해양에 처분하는 핑계로 사용되어서는 아니 되고, (2) 배치 행위가 동 협약의 목적에 위배되지 않아야 하며, 또한 (3) 배치 행위는 사무국에 보고되어야 하고, (4) 배치에 사용된 물질들은 관련 특별 지침서에 의해 평가되어야 한다는 정책적 지침에 합의하였습니다. 그리고 이를 배경으로 런던협약 및 의정서 당사국들은 인공어초의 배치에 관한 지침서를 개발하고, 이를 정기적으로 검토하기로 하였습니다.

한편, 동 협약 및 의정서 당사국들은 2010년에 해양시비 활동을 수반한 과학연구 사업에 대해서도 평가를 하도록 평가체제를 개발, 채택하였습니다. 따라서 당사국들은 동 평가체제에 의거하여 어떤 해양시비를 수반한 과학연구 사업이 상업적 목적을 가지는지 여부를 검토하고, 당해 활동으로 인한 해양 환경 영향들에 관해서도 평가해야 합니다.

그러나 런던협약 및 의정서의 2008년 결의는 Simple Resolution으로서 그의 법적 구속력에 관해 무임승차자를 규제할 수 없다는 우려들이 여전히 존재하였습니다. 앞서 살펴본 바와 같이, 해양시비 활동을 수행하기에 적합한 해역들은 주로 호주, 뉴질랜드, 아르헨티나, 남아프리카공화국 등의 국가 관할해역 주변에 분포하고 있기 때문에 이들 국가들이 특히 해양시비 활동의 관리에 많은 관심을 표명하고 있습니다. 이에 따라 런던협약 및 의정서 당사국들은 해양시비에 관한 법적 구속력이

있는 방안의 개발을 논의하기 위해 2011년 6월 작업반 회의를 개최할
예정입니다. 그 중에서 심도 있게 논의되고 있는 방안은 '런던의정서
에서 배치에 관한 조항을 신설'하여 당해 배치 행위를 규제, 관리하자
는 캐나다의 제안입니다. 즉, 캐나다의 제안의 주용 내용에는, (1) 런던
의정서 제4조를 개정하여 배치 활동에 대해서도 허가를 발급하도록 하
고, (2) 동 의정서 제9조를 개정해 배치 활동에 대한 허가 기록을 사무
국에 보고하도록 하며, (3) 부속서 4를 신설하여 허용 가능한 배치 활동
들의 범위를 규정하고, (4) 부속서 5를 신설하여 배치 활동들에 대한 평
가체제를 수립하는 것 등이 포함되어 있습니다. 이러한 캐나다의 제안
은 2010년 당사국회의에서 유력하게 논의되기도 하였는데, 이는 당사
국들의 총의(Consensus)에 의해 결정되는 것이기 때문에 그에 관한 추
후의 논의 과정을 계속 지켜보아야 할 것입니다.

마지막으로 생물다양성협약에서의 해양시비에 관한 논의에 관해 간
단히 설명하겠습니다. 동 협약은 2009년에, 사전 방지 방식에 의거하여
해양시비사업을 정당화할 충분한 과학적 근거가 마련되기 전까지는 당
해 활동을 허용하지 않겠다는 유예(Moratorium)를 선언하였습니다. 또
한 동 협약은 얼마 전에 개최된 2010년 나고야 회의에서, 해양시비 등
을 포함한 모든 지구 공학 관련 활동들에 대하여 그에 대한 투명하고
효과적인 관리 메커니즘이 정립되기 전에는 이를 허용하지 않기로 결
의하였습니다.

이상으로 해양시비에 관한 발표를 마치겠습니다. 감사합니다.

● 구 민 교

발표를 해 주신 홍기훈 박사에게 감사를 드립니다.

해양시비 사안에 관해서는 아직 국내적으로도 많은 연구가 이루어지지 않은 것으로 사료되는데, 그에 관해 자세하게 설명해 주셔서 감사드립니다. 특히, 해양시비사업의 가능성과 한계에 관해서도 심도있게 말씀해 주셨습니다.

해양시비에 관한 발표에 대해 두 명의 지명 토론이 계획되어 있는데, 그 중에서 우선 한국환경정책평가연구원의 한상운 박사께서 발표를 하겠습니다.

● 한 상 운 [ 발표 2에 대한 지명토론 ]

안녕하십니까, 한국환경정책평가연구원의 한상운입니다.

토론회에 참석하기 전에 홍기훈 박사의 발표자료들을 검토하고 그에 관해 이해하기 위해 노력하였습니다. 그러나 저는 법학을 전공하여 연구하고 있기 때문에, 과학 분야의 내용들이 포함된 발표자료들을 해석하는 데 있어서 다소 용이하지 않았습니다. 그에 대해서는 발표자와 다른 참석자들께서 양해해 주시기 바랍니다.

해양시비에 관하여 여쭈어 보고 싶은 사항은, 첫째로 이러한 해양시비 활동이 얼마나 경제적 효용성을 가지고 있으며 그에 대한 국내 연구 동향은 어떠한가에 관한 것입니다.

온실 가스 저감에 관해 기후변화를 완화하기 위한 여러 가지 방법론들이 존재하고 있는데, 탄소 포집 등과 같이 이산화탄소를 저감하기 위한 일련의 활동들은 그에 대한 경제적 효율성이 담보되어야 하는 것이 원칙이라고 사료됩니다. 따라서 온실 가스 저감과 관련해 탄소 포집의 목적으로 해양시비가 행해지는 것이라면, 그의 경제적 효율성에 대한 보장(guarantee)이 어느 정도까지 논의되고 있는지 궁금합니다.

그리고 발표자는 해양시비에 관한 국제 논의 동향들에 관해서도 상세히 소개하였습니다. 우리나라에서도 온실 가스 저감과 관련하여 탄소 포집을 위한 다양한 방안들이 논의되고 있는데, 그렇다면 해양 시비에 관한 국내 논의 동향은 어떠한지에 관해 발표자의 견해를 듣고 싶습니다.

둘째로, 홍기훈 박사의 발표에 따르면 해양시비의 사업 효율이 매우 미흡할 것으로 평가된다고 하였습니다. 그리고 발표의 후반에서 해양시비에 관한 국제협약들에 관해 설명하였습니다. 이러한 국제협약들 중에서 생물다양성협약의 논의 동향을 구체적으로 설명해 주시기 바랍니다.

즉, 발표 자료에 따르면, 생물다양성협약은 2010년 회의에서 생물다양성에 영향을 주는 모든 지구공학 관련 활동들에 대해 그에 대한 투명하고 효과적인 국제 관리 메커니즘이 정립되기 전에는 당해 활동들을 허용하지 않기로 결의하였습니다. 그리고 이러한 활동 중에서 이산화탄소 포집 및 격리 사업(CCS)은 제외된다고 기술되어 있습니다. 그렇다면 이산화탄소 포집 및 격리 사업에 과연 해양시비가 포함되는지의 여부에 관해 설명을 듣고 싶습니다.

해양시비는 그에 관한 연구가 아직 초기 단계이기 때문에, 이산화탄소 포집 및 격리 측면에서 이를 연구하는 것은 기술적으로 매우 유용할 것으로 사료됩니다.

한국환경정책평가연구원에서도 해양에서의 이산화탄소 격리 사안에 관하여 지난해에 일부 박사들이 연구를 진행한 바 있습니다. 당해 연구는 해양시비에 직접적으로 관련된 것은 아니고 앞서 김정은 박사가 발표한 해저 지중 저장 사안에 관한 것이었습니다.

그러나 이산화탄소 해저 지중저장과 해양시비에 관한 사안들은 모두 대기 중 이산화탄소 감축에 관한 것으로서 국제적으로 새롭게 논의되는 사안이라는 점에서 유사하며, 또한 그러한 활동으로 인해 주변 국가들 간의 월경 오염 문제가 발생할 수 있다는 점에서도 동일한 성격을 갖습니다.

즉, 김정은 박사가 발표한 바와 같이, 국가 관할 해역의 경계와 지질 구조의 경계가 일치하지 않기 때문에 이산화탄소 해저 지질 구조 격리 사안에 관해 주변 국가들이 논의해야 합니다. 그리고 이와 마찬가지로, 해양시비로 인한 환경 영향도 특정 해역에 머무르지 않고 해류 등에 의해 확산되어 다른 국가에 영향을 미칠 수 있기 때문에, 해양시비에 관해 국제적인 논의 및 합의가 필요할 것입니다. 게다가 해양시비 활동으로 인한 위험(risk)의 평가가 아직 과학적으로 입증되지 않았으므로 그러한 활동으로 인한 영향들에 관해 관련 국가들이 상당히 민감하게 반응할 수 있을 것입니다.

한편, 동아시아 지역은 인접 국가들 간에 국제 영토 분쟁이 상존하고 있습니다. 따라서 해양과 관련된 분야들에 대한 동북아시아 국가들의 협의가 속히 활성화되어야 할 것입니다.


• 구 민 교

지정 토론을 발표해 주신 한상운 박사에게 감사드립니다.

다음으로, 한국해양수산개발원 박 수진 박사가 지정 토론을 하겠습니다.


• 박 수 진 [ 발표 2에 대한 지명토론 ]

해양시비에 관해 발표해 주신 홍기훈 박사에게 감사를 드립니다.

저는 해양시비 사안에 관해 오랫동안 연구해 왔기 때문에 많은 관심을 가지고 발표를 들었습니다. 저는 해양시비와 관련하여 두 가지 사항들에 관해 질문을 드리고 싶습니다.

첫째로, 런던협약 및 의정서에서 논의되고 있는 해양시비의 국제 규제 동향에 대해 우리나라와 일본, 그리고 중국은 어떤 입장을 취하고 있는지에 관해 말씀해 주시기 바랍니다.

즉, 해양시비의 국제 규제에 관하여 런던협약 및 의정서에서 여러 개의 작업반들이 활동하고 있고, 관련 회의들에서 당사국들의 견해가 다양하게 제기되고 있습니다. 예를 들어, 발표 자료를 보면, 해양시비 후보지로서 거론되는 해역 주변의 국가들인 호주나 뉴질랜드는 해양시비 활동에 대해 방어적인 입장을 견지하고 있으며, 사전 예방적인 측면에서 위험성 평가 혹은 환경 영향 평가 등을 수행하여 그에 관한 불확실성을 해소한 후에 당해 활동들을 허용해야 한다고 주장하고 있습니다. 그렇다면 이러한 주장들에 대해 동북아 주변 국가들의 동향은 어떠한지 궁금합니다.

제가 이에 관해 질문을 드린 이유는, 생물다양성협약 제9차 및 제10차 회의에 참석하였을 당시, 국제그린피스 대표가 우리나라 대표단에게 해양시비에 관한 대한민국의 입장에 관해 질의하였던 적이 있기 때문입니다. 이에 관해 우리나라 대표단은 구체적으로 답변하지는 않았습니다. 그러나 제10차 생물다양성협약 회의에서 사전 예방적인 관점에서 지구 공학 관련 활동들에 대한 불확실성 및 경제적 위험성 등을 고려하여 그에 대한 불확실성들이 해소되기 이전까지는 당해 활동들을 포괄적으로 허용하지 않기로 결의하였습니다. 따라서 비록 해양시비에 관한 사안들을 주로 런던협약 및 의정서에서 결정한다고 할지라도, 생물다양성협약 회의들에서도 향후 그에 관한 논의가 이루어질 수 있기 때문에 상기와 같은 질문을 드렸습니다.

둘째로, 국가의 관할해역 내에서 이루어지는 해양시비 활동에 관해서는 연안국이 허가 여부를 결정할 수 있는 반면에, 공해에서 행해지는 해양시비 활동들에 관하여는 국제적으로 이를 규제하기 위한 논의들이 진행되고 있습니다. 이와 관련하여 생물다양성협약에서도 작업반을 구성하여 별도로 논의를 하고 있습니다. 즉, 유엔해양법협약은 해양에서의 국가관할권 문제 등을 중점적으로 다루고 있고, 생물 다양성 등과 같은 사안들은 주로 비공식 국제회의 혹은 관련 작업반 회의들을 통해 논의가 되고 있습니다.

이러한 회의들에서 개발도상국들은 관련 사안에 대해 법적 구속력이 있는(legally binding) 체제를 개발해야 한다고 주장을 하곤 합니다. 왜냐하면, 유엔해양법협약은 해양 관련 주요 사안들에 관하여 포괄적으로 규정하고 있으나, 협약의 구체적인 준수 방안 및 이행 강제 조치 등에 관해서는 명확하게 규정하고 있지 않기 때문입니다.

해양시비에 관한 현재 국제 사회의 논의 동향을 살펴보면, 사전 방지 측면에서 그의 위험성을 고려하여 소규모 혹은 예외적인 경우에 한해 해양시비 활동을 허용해야 하며 또한, 그에 대한 영향 평가 혹은 위험 평가 체계가 우선적으로 확립되어야 한다는 것이 대체적인 흐름입니다.

그렇다면, 공해에서의 해양시비 활동 규제에 관한 상기와 같은 국제 논의 동향이 바람직한 것인지에 관해 발표자의 의견을 듣고 싶습니다.

### • 구 민 교
지정 토론을 발표해 주신 박수진 박사에게 감사를 드립니다.

두 명의 지정 토론자들이 매우 효율적으로 발표를 하셨기 때문에 예정된 계획보다 시간이 남았습니다. 따라서 다른 참석자들 중에서 발표에 관해 질문 사항이 있으면 이를 함께 토론하도록 하겠습니다.

그리고 차후 종합 토론에서도 질의 및 추가 논의를 할 계획입니다.

### • 임 상 민
앞서 김정은 박사가 발표한 이산화탄소 해저 지질 구조 격리 사업에 관해 질문을 드리고 싶습니다.

발표에 따르면, 이산화탄소를 포집하여 해저에 격리하는 것이 기술적으로 가능하다고 하였는데, 포집된 이산화탄소를 산업에서 상업적으로 사용할 수 있는 방안이 존재하는지 궁금합니다.

### • 김 정 은
포집된 이산화탄소를 산업에서 활용하는 방안들에 관한 연구가 진행되고 있는 것으로 알고 있습니다.

그에 관한 연구에 관해서는 발표 자료에서 간략하게 소개하였는데, 무기탄산염을 응고시켜 활용하는 방안 등이 고려될 수 있는 것으로 파악하였습니다. 그러나 포집된 이산화탄소의 재활용 방안 등에 관해서는 상세하게 조사, 연구를 하지 않았기 때문에 정확한 정보를 추가로 확인해야 합니다.

다만, 포집된 이산화탄소를 상업적으로 활용하는 것은 탄소 저장의 측면에서는 효율적이지 않기 때문에 이산화탄소 감소 방안으로서는 고려되지 않고 있습니다.

• 임 상 민

다음으로 홍기훈 박사가 발표한 해양시비에 관해 질문을 드리고 싶습니다.

발표에 따르면, 북대서양에서 심부로 가라앉은 해수는 약 천 년이 경과한 후 다시 태평양에서 표층으로 부상하게 됩니다. 그렇다면 식물의 한 형태로 변환되었던 이산화탄소는 해수와 함께 심부로 가라앉은 후에 다시 표층으로 부상할 때 어떠한 형태를 취하게 될 것으로 예측되는지 궁금합니다. 즉, 이산화탄소가 가스 형태로 표층으로 용승하게 되는지 혹은 식물체가 부패된 형태로 표층으로 용승하게 되는지가 궁금합니다.

• 홍 기 훈

해수와 함께 심부로 가라앉았던 이산화탄소는 가스 형태로 표층으로 올라오게 됩니다.

이때 대기 중 이산화탄소의 함량이 해양에서의 이산화탄소 함량보다 낮다면, 해양에서 대기로 이산화탄소가 이동하게 됩니다. 그러나 반대로, 대기 중 이산화탄소의 함량이 해양에서보다 높다면, 대기로부터 해양으로의 이산화탄소 흡수가 여전히 일어나게 됩니다.

• 구 민 교

김정은 박사와 홍기훈 박사, 그리고 다른 참석자들의 발표들에 대해 감사드립니다.

차후 종합 토론에서 추가로 심도 있게 토론하기로 하고, 제1부 기후 변화 관련 런던의정서의 논의 동향: 해양시비에 관한 발표를 마치겠습니다. 그리고 잠시 후 17시 30분부터 제2부 런던의정서 준수그룹 논의 동향에 관한 발표를 시작하겠습니다.

• 김 영 석

토론회 일정에 따라 다음 순서를 시작하겠습니다.

제2부 런던의정서 준수그룹 논의 동향에 관하여 신창훈 박사께서 발표를 하겠습니다.

• 신 창 훈

안녕하십니까, 신창훈입니다.

런던의정서 체제상의 준수그룹 논의 동향과 준수 제고 전망에 관해 발표하겠습니다.

## 【제2부: 런던의정서 준수그룹 논의동향】

### 〈발표 3〉 런던의정서 준수그룹 _ 신창훈

### 1. 준수그룹 개요

런던의정서에는 대표적으로 2개의 보조기관들이 존재하고 있는데, 첫 번째 보조기관으로서 과학그룹(Scientific Group)이 있고 두 번째 보조기관으로 준수그룹(Compliance Group)이 존재합니다.

런던협약과 런던의정서는 현재 One-Family System를 통해 합동으로 운용되고 있으며, 관련 회의들도 합동으로 개최하고 있습니다. 합동 체약 당사국회의에서 모든 주요 의사 결정들이 이루어지며, 과학그룹 회의는 런던의정서에서 과학적인 측면들에 대하여 당사국회의에 각종 권고를 하는 역할을 맡고 있습니다. 그리고 준수그룹은 국가들의 협약 준수 여부를 심의하여 당사국회의에 권고를 하는 역할을 맡고 있습니다.

준수그룹에 대해 간략하게 설명을 드리면, 동 그룹은 런던의정서 제11조에 의거해 설치된 보조기관입니다. 또한 동 그룹은 2007년 합동 당사국회의에서 채택된 '준수절차 및 메커니즘(Compliance Procedures and Mechanism; CPM)'에 따라 실질적으로 운용되고 있습니다.

당해 준수절차 및 메커니즘에 의거하여 준수그룹은 유엔의 5개 지역그룹들에서 각각 3명의 위원들을 선출하여 구성됩니다. 따라서 준수그룹은 최대 15명의 위원들을 임명하도록 되어 있는데, 현재 준수그룹의 위원 현황을 살펴보면 아직 모든 지역그룹이 위원 선출을 완료하지는 못했습니다. 발표 자료에서 준수그룹 연혁을 살펴보면, 2008년에 6명의 준수위원들이 최초로 선출되었고, 2010년 제3차 준수그룹 회의 시까지 계속하여 6명의 위원들로 준수그룹이 운영되어 왔습니다. 그러나

2011년부터는 추가로 준수위원이 선출되어 총 7명의 위원들이 준수그룹에 참여할 예정입니다.

대부분의 경우 어떤 결정이 이루어지기 위해서는 의사 정족수 및 의결 정족수가 3분의 2가 되어야 하며, 그 중에서 의결 정족수는 구성 위원들 중의 3분의 2로 구성되어야 합니다. 그러나 준수절차 및 메커니즘은 준수그룹의 의사 정족수에 관해서는 특별한 규정을 두고 있지 않고, 의결 정족수에 대해서만 규정하고 있습니다. 그리고 준수그룹은 아직까지 위원 구성을 완료하지 못하였기 때문에, 제1차 준수그룹 회의에는 6명의 위원들이 전원 참석하였고, 제2차 회의에는 4명의 위원들이 참석하고, 2010년 제3차 회의에서는 총 5명의 위원들이 참석하여 운영되고 있습니다.


## 2. 준수그룹 주요 의제

준수그룹의 주요 의제들에 관해 설명하면, 제1차 준수그룹 회의부터 제3차 회의까지 총 13개 의제들에 관해 논의가 이루어졌습니다.

저는 2009년에는 참관자(Observer) 자격으로 준수그룹 회의에 참가하였고, 2010년부터 준수위원으로서 당해 회의에 참석하였습니다. 그런데 3~4명의 준수위원들이 회의에 참석하여 짧은 회의 기간 동안 13개의 의제들에 관해 논의를 해야 하기 때문에, 각 위원이 상당히 많은 발표 및 논의에 참여하며 공식적인 토론을 해야 하기에 어려운 점이 있습니다. 즉, 준수그룹 회의 동안 위원들에게 부가되는 업무는 상당히 많다고 할 수 있습니다.

준수그룹의 주요 의제들을 우선 개괄적으로 검토하면, 우선 의장 및 부의장 선출, 의제 채택, 준수그룹의 조직 문제 등이 있는데, 이는 중요한 의미를 가지지 아니합니다.

그리고 준수그룹의 주요 의제에는, 어떤 특정 문제가 발생한 경우 그에 대한 개별 제출물을 검토하는 사안(Individual Submission)이 포함되어 있습니다.

그리고 준수그룹의 주요 의제로서 사무국에 접수된 국가들의 각종 보고서들을 검토하는 사안이 있습니다. 이러한 보고서들에는 투기 허가 발급에 관한 보고서와 국가들의 국내 행정 및 입법 조치들에 관한 보고서가 포함됩니다. 그 중에서 준수그룹은 주로 후자의 국내 행정 및 입법 조치들에 관한 보고서들을 심의하고 있습니다. 전자의 투기 허가 발급에 관한 보고서들은 주로 과학그룹에서 심의를 하며, 이와 관련하여 준수그룹은 당사국이 당해 보고서를 제출할시 겪게 되는 여러 가지 장애들에 관해서 주로 심의를 합니다. 이와 같이 국가들이 런던의정서에 따른 보고의무 이행시 경험하고 있는 각종 장애사항들에 대해 검토하는 것을 체제적 접근법이라고 지칭합니다.

준수그룹의 주요 의제 중에서 중요한 사안에는 또한, 준수장벽(Barriers to Compliance)에 관한 문제가 포함됩니다. 이와 관련해서는 준수장벽위원회가 별도로 존재하고 있습니다. 따라서 준수장벽위원회 위원장도 준수그룹 회의에 참석하여 준수장벽에 관한 문제들을 어떻게 해결할 것인지에 관해 협의하고 있습니다.

준수그룹 의제들과 관련해 한 가지 특별한 점은, 런던협약 제6조 4항에 따른 보고 의무 이행시 당사국이 경험하는 각종 장애사항에 대해서도 준수그룹이 검토하도록 되어 있다는 것입니다. 본래 준수그룹은 런던의정서에 의해 설립된 것이기 때문에, 런던협약에 대해 심의할 권한을 갖고 있지 않습니다. 그러나 런던협약 및 의정서 합동 당사국회의가 One-Family System에 의거해 런던협약에 관한 사안을 검토하도록 준수그룹에 위탁을 하였기 때문에, 상기와 같이 준수그룹이 런던협약에 관해서도 검토를 하고 있습니다.

앞서 설명한 바와 같이, 준수그룹은 준수절차 및 메커니즘을 수립을 위한 당사국 결의에 따라 런던의정서가 규정하고 있는 의무 보고 사항들에 대해 심의를 하는 기관입니다.

따라서 준수그룹은, 런던의정서 제9조 4항 (2) 및 (3)에 따른 당사국들의 보고, 즉 국내 입법 및 행정 조치들에 관한 당사국의 보고들을 심의하고 있습니다.

한편, 앞서 말씀드린 바와 같이, 동 의정서 제9조 4항 (1)에 따른 국가들의 보고, 즉 투기 허가에 관한 사항들에 관한 당사국의 보고들은 과학그룹 회의에서 심의되며, 준수그룹은 이와 관련해 당해 조항에 따른 보고의무 이행시 당사국이 경험하는 각종 장애사항들에 대해서만 심의를 합니다.


### 3. 보고 의무 준수에 있어서의 장애사항

그렇다면 당사국들이 런던의정서 보고 의무를 준수하는 데 있어서 어떠한 장애사항들이 있으며, 이를 해결하기 위해 준수그룹이 어떤 방안들을 강구하고 있는지에 관해 말씀드리겠습니다.

런던의정서 보고 의무 준수에 있어서 당사국들이 경험하는 장애사항들에 관한 질의서에 대한 답변들이 발표 자료에 기재되어 있습니다. 동 발표 자료에서 괄호에 기입된 숫자는 해당 장애사항에 대해 답변을 한 국가들의 수를 나타냅니다. 즉, 대부분의 국가들은 (1) 수행된 투기 활동에 대한 정보 수집을 위한 인력 부족과 (2) 보고 준비를 위한 인력의 부족, 그리고 (3) 국가 담당 기관의 재조직 문제 등으로 인해 런던의정서의 보고 의무를 준수하기 어렵다고 답변하였습니다.

이에 따라 준수그룹은, 정보 수집뿐만 아니라 보고서 준비 과정에서 인력 부족이 의정서 보고 의무 준수의 주요 장애사항의 원인이 되고 있다고 판단하였으며, 이를 제고하기 위한 방안들을 검토하고 있습니다.

특히 일부 국가들의 경우 런던의정서에 관한 Contact Point 혹은 Focal Point조차 제대로 마련되어 있지 않기 때문에, 국내적으로 어떤 관할 당국이 런던의정서의 보고서들을 마련하는지에 관해서도 정확하게 파악되지 않습니다. 따라서 준수그룹은 이러한 국가들에 대해 Focal Point를 확립하는 방안에 관해서도 연구하고 있습니다.

또한 준수그룹은 당사국들의 런던의정서 보고 의무 이행을 제고하기 위해, (1) 국가 보고 체제를 협약 및 의정서 사무국에 보내는 보고서 체제와 단일화시키는 방안을 강구하고 있고, (2) 일관성을 증대시키기 위해 국가기관 및 국내 보고 체제를 재조직 하는 것을 워크숍 등을 통해 홍보하고 있으며, (3) 보고 의무가 국가 정책에서 보다 높은 우선 순위를 가질 수 있도록 사무국과의 의사 소통을 원활화하는 방안 등을 마련하고 있습니다. 또한 준수그룹은 (4) 보고 양식을 명확화하기 위해 웹사이트에서 용이하게 보고할 수 있는 방안 등에 대해서도 검토하고 있습니다.

## 4. 런던의정서 제9조 4항 (2)와 (3)에 따른 보고서

한편, 준수그룹이 가장 중점을 두고 있는 사항 중에 하나는, 앞서 언급한 바와 같이, 런던의정서 제9조 4항 (2)와 (3)에 따른 국가 입법 및 행정 조치들에 관한 당사국들의 보고서 검토에 관한 문제입니다.

발표자료에 열거된 바와 같이, 38개국의 런던의정서 당사국들 중에서 현재 10개 국가들만이 당해 조항상의 보고서를 제출하고 있습니다. 2009년 준수그룹 회의에서는 총 9개 국가들이 당해 보고서를 제출하였고, 2010년 회의에서는 뉴질랜드가 추가로 보고서를 제출하였습니다.

이렇듯 보고서를 제출한 국가들이 적은 이유는 당해 보고서의 제출 시한이 엄격하게 마련되어 있지 않기 때문입니다. 즉, 준수그룹은 2008년 제1차 회의에서 당사국들로 하여금 당해 보고서를 2009년 9월 1일까지 제출하도록 하고, 2008년 이후 동 의정서에 가입한 국가들에 대해서는 의정서 발효 이후 3년 이내에 당해 보고서를 제출하도록 권고하였습니다. 이에 따라 우리나라를 비롯해 2008년 이후 동 의정서에 가입한 당사국들은 대부분 당해 보고서를 아직 제출하지 않은 실정입니다. 우리나라의 경우에는 2012년 2월 20일까지 당해 보고서를 사무국에 제출해야 하는 의무를 부담하고 있습니다.

다음으로 런던의정서 제9조 4항 (2)와 (3)에 따른 보고서의 주요 내용에 관해 말씀드리겠습니다. 본래 어떤 당사국이 어떠한 사항들을 제출했는지에 관해서는 공개하지 않도록 되어 있기 때문에, 그에 관해 자세하게 말씀을 드릴 수 없습니다. 따라서 여기에서는 향후 우리나라가 당해 보고서를 제출할시 이에 어떠한 내용들이 필수적으로 기재되어야 하는지에 관해서만 정리하였습니다.

첫째로, 각종 위반 행위 및 의정서를 이행하는 국내법 위반에 대한 벌칙을 포함한 의정서 이행에 관한 국내법을 요약하여 제출해야 합니다.

둘째로, 준수그룹이 공식 언어(official language)로서 영어를 사용하고 있기 때문에, 당해 보고서는 영문으로 작성되어야 합니다.

셋째로, 당사국은 허가 발급에 관해 책임을 지는 적절한 관할 당국을 지정, 설립하여 이를 당해 보고서에 명시해야 합니다.

넷째로, 상기와 같은 허가 조건의 준수 및 집행을 책임지고 있는 관할 당국에 대해서도 당해 보고서에 명시해야 합니다.

다섯째로, 우리나라에서 런던의정서가 발효된 이래 취해진 관련 집행 조치들에 관한 요약이 당해 보고서에 포함되어야 합니다.

마지막으로, 행정 및 집행 조치의 효율성, 그리고 당해 조치들의 적용상의 문제점들에 관해서도 당해 보고서에 기재하여 제출해야 합니다.


## 5. 회기간 작업

준수그룹 회의는 정기적으로 연 1회 개최되며, 이는 런던협약 및 의정서 합동 당사국회의 기간 동안에 3일 동안 개최됩니다. 따라서 준수그룹 회의를 위한 실질적인 작업들은 대부분 회기간 작업

(Intersessional Works)을 통해 이루어지게 됩니다.

올해부터 준수위원 임기가 시작된 저도 2010년 준수그룹 회의에 회기간 작업으로서 '런던협약 및 의정서 상의 모든 보고 의무에 관한 요약 보고서'를 제출하였습니다. 그리고 당사국회의는 향후 관련 국가 지침들을 마련하는데 동 보고서를 반영하기로 결정하였습니다.

그리고 일본의 준수위원은 '각종 전자보고서 양식이 런던의정서 제9조 1항상의 요건을 구비하고 있는지의 여부'에 관해 보고서를 제출하였습니다. 동 보고서는 런던의정서의 전자 보고 양식(E-reporting format)이 동 의정서 상의 개별 조문들에서 규정하고 있는 모든 보고 요건들을 다루고 있는지에 검토한 것입니다.

또한, 네덜란드의 준수위원은 '런던의정서에 대한 주석서 문제'에 관해 보고서를 제출하였습니다. 동 보고서는 현재 준수그룹에서 논의되고 있는 Explanatory Report 혹은 Commentary의 타당성 등을 검토한 것입니다.

상기와 같이 회기간에 작업되어 제출된 보고서들은 국제해사기구 웹사이트에 공식 문서(LP/CG 3/5, LP/CG 3/7, LP/CG 3/10)로서 등록되어 있기 때문에, 필요한 경우 이를 참조하실 수 있습니다.


## 6. 준수그룹의 향후 논의

마지막으로 2010년 제3차 준수그룹 회의에서 논의된 사항들 중에서 준수그룹의 향후 작업들과 관련하여 쟁점이 되었던 사안을 소개하겠습니다.

2009년 제2차 준수그룹 회의에서 네덜란드 준수위원인 램머스 교수(Prof. Lammers)는 의정서의 협상 과정을 담은 예비문서의 중요성을 환기하고 이를 런던협약 및 의정서의 공식 웹사이트에 올리는 것을 건의하였습니다. 그러나 동년의 당사국회의에서 미국은 이러한 예비문서의 게재를 반대하면서, 그 이유로 런던협약 및 의정서의 예비문서들이 소실되었을 가능성이 높다고 주장하였습니다. 즉, 미국은 현재 런던협약과 의정서의 예비문서들을 영국의 외무성과 국제해사기구 사무국이 보관을 하고 있는데, 그에 대한 관리가 부실하여 일부 문서들이 소실되었을 가능성이 높다고 주장한 것입니다. 또한 미국은 당해 예비문서들의 게재 여부를 검토하는 것은 준수그룹에 위임된 사항이 아니라고 주장하기도 하였습니다.

2010년 준수그룹 회의에서도 이러한 예비문서의 웹사이트 게재 문제가 논의되었습니다. 실제로, 준수그룹 회의에서 준수위원들이 논의를 할 때, 참관자들(Observers)이 당해 회의에 자유롭게 참석하여 의견을 개진하고 있습니다. 따라서 미국에서도 2명의 참관자들이 준수그룹 회의에 참석하였는데, 한명은 미국 해양경비대 법률자문관이었고 다른 한명은 미국 법무성의 법률 자문관이었습니다.

미국 참관자들은 당해 준수그룹 회의에서 다시 예비문서들의 게재 여부에 관해 반대를 표명하였습니다. 그리고 그에 대한 논거로서 예비문서가 협약의 해석에 관한 효과적인 도구로서 활용될 수 없다고 주장하였습니다. 이와 관련하여 미국은 런던의정서 제9조 1항 2호를 예로 삼았습니다. 즉, 당해 조항은 'keep records of the nature and quantities of all wastes or other matter for which dumping permits have been issued and where practicable the quantities actually dumped and the location, time and method of dumping'라고 규정되어 있는데, 'where practicable'이라는 구문의 전후에 콤마가 찍혀있지 않습니다. 미국의 주장에 따르면, 그로 인해 당해 구문이 'the quantities actually dumped'에만 적용되는 것인지 혹은 'the quantities actually dumped and the location, time and method of dumping' 모두에 적용되는 것인지에 관해 논란이 발생할 수 있는데, 예비문서들은 어떤 경우에는 콤마가 삽입되어 있으나 다른 경우에는 콤마가 삽입되어 있지 않기 때문에 그에 대해 아무런 해답을 제시하지 못한다고 하였습니다.

미국 법무성으로부터의 참관자는 또한, 런던의정서는 여러 가지 과학적, 기술적 사안들을 다루고 있기 때문에 향후의 발전들이 더욱 중요하게 다루어져야 한다고 지적하고, 예비문서들을 게재하여 참고하려는 것은 협약의 해석에 있어서 과거로 회귀하려는 경향이라고 주장하였습니다.

이러한 논의 과정에서 당해 제안을 한 Prof. Lammers와 미국 참관자들 간에 다툼이 발생하여 저는 다음과 같은 중재안을 제안하였습니다. 이러한 중재안은, (1) 예비문서라는 명칭을 사용하지 않고 Historical Document라는 명칭을 사용하고, (2) 웹사이트에 당해 문서들을 게재하는 경우 이러한 문서들이 망라적인 문서들이 아니라 일부 소실되었을 수 있다는 점을 명시적으로 공지하는 것입니다. 이러한 중재안에 대해 미국과 다른 참석자들이 합의를 하여 회의가 종료되었습니다.

그러나 당사국회의에서 미국은 이러한 중재안에 대해 다시 반대를 표명하였습니다. 당시 준수그룹 의장은 다른 업무로 인해 이미 일본으로 돌아가고 당사국회의에 참석하지 않은 상태였기 때문에, 다른 준수위원들이 회합하여 동 사안을 재검토하였습니다.

결과적으로, 준수그룹은 미국이 사례로서 제시한 런던의정서 제9조 1항 2호의 해석 문제에 관해 이는 예비문서의 게재 문제와 관련이 없다고 결정하였습니다. 왜냐하면, 런던의정서는 6개국의 공식 언어를 가지고 있고. 영문본을 제외하면 모든 언어의 협약들이 모두 'where practicable'이라는 구문의 앞에 콤마를 삽입하고 있기 때문입니다. 따라서 미국의 사례 제시는 당해 문제의 초점을 흐리기 위해 의도된 것으로 사료됩니다.

이와 관련하여 준수그룹은 향후 참관자들이 자유롭게 준수그룹 회의에 참여하여 발언할 수 있는 기회를 계속하여 부여해야 하는지에 관해 심각하게 논의하고 있습니다. 준수그룹은 아직까지 일종의 준비 단계에 놓여 있고 제도적 여건들을 마련하고 있습니다. 따라서 일부 국가들은 당해 회의에 참관자 자격으로 참석하여 자국의 이해를 위해 준수그룹 활동을 제지하려는 시도를 하기도 합니다. 이에 따라 향후 준수그룹 회의에서는 참관자들에게 발언권이 주어지지 않거나 혹은 비공개로 회의를 진행할 가능성이 있습니다.

이상으로 런던의정서 체제상의 준수그룹 논의 동향 및 준수 제고 전망에 관한 발표를 마치겠습니다.

• 김 영 석

발표를 해 주신 신창훈 박사에게 감사를 드립니다.

다음으로 정진석 교수가 신창훈 박사의 발표에 관해 지명 토론을 하겠습니다.


• 정 진 석 [ 발표 3에 대한 지명토론 ]

런던의정서 체제 상의 준수그룹 논의 동향 및 준수 제고 전망에 관해 발표해 주신 신창훈 박사에게 감사를 드립니다. 신창훈 박사가 2010년 10월 영국 런던에서 개최된 런던의정서 준수그룹 회의에 참석하여 많은 연구 및 검토를 수행하였다는 소식을 들었습니다. 발표자가 준수그룹의 검토 사항들과 현재의 논의 동향들, 그리고 당해 회의에서 느낀 사항들에 관해 상세하게 발표를 하였습니다.

국제법에서 가장 중요한 사안 중에 하나는 협약이나 조약의 준수를 확보하는 것입니다. 이와 관련하여 발표자에게 2가지 사항들을 질의하고 싶습니다.

첫째로, 런던의정서 준수그룹은 당사국들의 준수를 확보하고 이행을 촉진하기 위해 여러 가지 검토를 수행하고 있으며, 여기에는 전자 보고 양식의 개발이 포함되어 있습니다.

당사국들의 준수를 효율적으로 확보하기 위해서나 혹은 준수그룹이 관련 업무들을 용이하게 수행하기 위해서는 당사국들의 활동에 대한 정보 수집이 매우 중요할 것입니다. 이러한 정보 수집은 가장 기초적인 문제에 해당되며, 이를 위해서도 전자 보고 양식의 개발이 상당한 의미를 가지게 됩니다. 왜냐하면 연 1회 정기적으로 개최되는 당사국회의에서 모든 보고서 및 정보들이 제출, 교환, 검토되는 것은 한계가 있기 때문입니다. 따라서 회기간에도 비정기적으로 보고서를 제출하고 이를 검토하기 위해 전자 보고 양식이 효율적으로 개발되어야 한다고 생각합니다.

그렇다면, 런던의정서에서 전자 보고 양식의 개발이 얼마나 진척되었는지에 관해 발표자의 답변을 듣고 싶습니다. 또한 런던의정서가 전자 보고 양식을 적극적으로 개발하려는 의지가 있는지에 관해서도 답변을 듣고 싶습니다.

둘째로, 앞서 말씀드린 바와 같이, 협약 및 조약의 준수 확보는 국제법에서 가장 중요한 사안 중의 하나입니다. 따라서 국제법상 의무 위반에 대한 제재 조치들이 효율적으로 마련되어야 합니다.

그러나 런던의정서 상의 보고 의무들은 협약상 실제적 의무에 해당된다기보다는 절차적 의무에 해당됩니다. 따라서 런던의정서에서 보고 의무를 위반한 경우 이를 국제적으로 제재하는 것이 용이한지에 대해 의구심이 듭니다.

즉, 어떤 국가의 보고 의무 위반은 구체적인 피해를 발생시키는 것이 아니기 때문에, 그에 대한 소를 제기할 수 있는 피해국이 존재하지 않습니다. 또한 당해 의무 위반에 대해 과실 여부를 확정하는 것도 용이하지 않을 것입니다.

물론, 어떤 국가의 국제의무 위반으로 인해 직접적으로 피해를 입지 않은 경우에도 그에 대해 소를 제기할 수 있는 장치들이 존재하기도 합니다. 그러나 앞서 말씀드린 바와 같이 런던의정서의 보고 의무가 협약상 실제적 의무에 해당하지 않고 절차적 의무에 해당하기 때문에, 그에 관해서는 더욱 심도있게 논의되어야 할 것입니다.

따라서 이러한 절차적 의무 위반을 효율적으로 제지하기 위한 수단들에 관하여 준수그룹에서 어떤 논의가 진행되고 있는지 질의를 드립니다.


• 김영석

토론회 일정에 따라 정진석 교수의 지정 토론과 신창훈 박사의 발표에 관해서는 종합 토론에서 추가로 논의하도록 하겠습니다.

제2부 런던의정서 준수그룹 논의 동향에 관해 발표 및 지정 토론을 한 신 창훈 박사와 정진석 교수에게 박수를 부탁드립니다.

이어서, 종합 토론을 시작하겠습니다. 종합 토론의 사회는 이석우 교수가 맡겠습니다.

# 【제3부: 종합토론】

• 이석우

종합 토론에서는 지명 토론과 참석자들의 종합 토론이 계획되어 있습니다.

우선 김홍균 교수의 지명 토론을 듣겠습니다. 그리고 제1부와 제2부에서 발표된 주제들에 관한 질의들을 정리하여 발표자들의 답변을 듣도록 하겠습니다. 그 다음에, 참석자들로부터 추가로 질의가 있는 경우 그에 관해 토론하는 방식으로 토론회를 진행하겠습니다.

우선 한양대학교 김홍균 교수가 지명 토론을 하겠습니다.

• 김홍균 [제3부 지명토론]

안녕하십니까, 한양대학교 김홍균입니다.

저는 환경법을 연구하고 있기 때문에, 앞서 한상운 박사와 마찬가지로 과학이나 공학에 관한 발표들을 이해하기가 용이하지 않습니다. 그래서 예전에는 과학 기술 등에 관한 토론회에 초청을 받으면 대체로 참석하지 않거나 혹은 참석하여 발표들을 청취하는 데 그쳤습니다. 그러나 최근에는 비록 당해 분야들에 대해 전문적인 지식을 가지고 있지 않더라도 토론회에 참석하여 발표를 듣고 토론에 직접 참여하기 위해 노력하고 있습니다.

오늘 토론회에서도 많은 것을 새로 배우고 고민해 볼 수 있었기 때문에 이에 참석하기를 잘한 것 같습니다. 동 토론회를 마련한 주최자들에게 감사를 드립니다.

우선 토론회에 관하여 전체적으로 소감을 말씀드리겠습니다.

오늘 논의된 주제들을 공통점들이 있습니다. 첫째로, 주제들이 참신하고 흥미롭습니다.

둘째로, 이러한 사안들, 즉 이산화탄소 해저 지질 구조 격리 사업과 해양시비 활동들은 모두 당해 활동이 환경에 미치는 영향에 관해 과학적으로 명확하게 검증된 바가 존재하지 않습니다. 즉, 제가 환경법을 연구하고 있음에도 불구하고 이러한 활동들이 해양 환경에 구체적으로 어떤 영향을 미칠 수 있을지에 관해 단정하기 어렵습니다.

셋째로, 이러한 사안들이 우리나라의 이익에 유리하게 작용할 것인지 혹은 불리하게 작용할 것인지에 관해 결론을 내리는 것이 아직 용이하지 않습니다.

그리고 마지막으로 국제법적으로, 즉 유엔해양법협약, 생물다양성협약, 그리고 런던협약 및 의정서 등의 조항들은 이러한 사안들에 대해 명확하게 규정하고 있지 않고 있습니다.

오늘 논의된 주제들은 상기와 같은 공통점을 가지고 있는데, 따라서 당해 사안들을 어떻게 다루는 것이 우리나라에게 이익이 될 것인가를 염두하여 논의를 한다면, 이러한 '애매성'은 오히려 우리나라에게 유리하게 작용할 수 있을 것이라고 사료됩니다. 예를 들어, 해양환경에 대해 포괄적으로 규정하고 있는 유엔해양법협약의 경우, 관련 사안들을 사전에 검토, 연구하여 국제회의 등에서 이를 우리나라에게 유리하게 주도할 수 있으리라 생각합니다.

다음으로 이산화탄소 해저 지질 구조 격리 및 해양시비에 관하여, 해양시비 사안을 중심으로 세부적인 검토 사항을 말씀드리겠습니다.

앞서 말씀드린 바와 같이, 유엔해양법협약, 런던협약 및 의정서, 그리고 생물다양성협약과 유엔기후변화협약 등은 해양시비 활동을 관리, 규제하는데 있어서 명확한 해답을 제시하고 있지 못합니다.

특히, 유엔해양법협약과 런던협약 및 의정서는 이와 관련한 논란의 여지가 많이 존재하고 있습니다. 이산화탄소 지질 구조 격리 활동이나 해양시비 활동들을 관리하는데 있어서 당해 협약들의 핵심어(keyword)는 결국 오염(pollution), 투기(dumping), 그리고 투기 가능한 물질(wastes and other material that may be considered for dumping) 3가지입니다.

첫째로, 오염(pollution)에 관해 논의해보면, 해양시비 활동이 오염에 해당하는지 혹은 해당하지 않는지의 여부를 명확하게 단정하기 어렵습니다.

저는 이에 관하여 결론적으로, 현행 국제법 및 국내법 체제에서는 당해 활동을 허용하기 어렵다고 생각하고 있습니다. 그러나 앞서 말씀드린 바와 같이, 국제법들이 그에 대해 애매하게 규정하고 있기 때문에, 이를 어떻게 해석하느냐에 따라 그에 대한 결론이 달라질 수 있는 여지가 존재한다고 생각합니다. 즉, 해양시비 활동은 관련 국제법들을 어떻게 해석하느냐에 따라 오염에 해당될 수도 있고 혹은 오염에 해당되지 않을 수도 있다는 것입니다.

둘째로, 투기(dumping)에 관해 검토하겠습니다. 해양시비 활동이 투기에 해당하려면, 당해 활동을 통해 해양에 투입되는 물질들이 우선 폐기물에 속해야 합니다. 그러나 철, 질소, 인 등과 같은 물질들은 당해 물질들이 폐기물에 해당하는지 여부가 명확하지 않습니다.

만약 이러한 물질들이 폐기물에 해당되지 않는다면, 해양시비 활동은 투기에 포함되지 않기 때문에 런던의정서의 규제 대상에서 제외될 것입니다.

한편, 저는 이러한 물질들이 폐기물에 포함될 수 있다고 생각합니다. 물론 앞서 언급한 바와 마찬가지로, 당해 물질들을 어떻게 분류할 것인지에 관해서도 여전히 많은 논란의 여지가 남아 있습니다. 만약 이러한 물질들이 폐기물에 해당된다면, 이는 유엔해양법협약과 런던협약 및 의정서의 적용을 받아야 합니다.

한편, 유엔해양법협약과 런던의정서는 투기(dumping) 및 오염(pollution)의 개념에 관해 유사하게 정의하고 있기 때문에, 이와 관련하여 런던의정서의 규정을 살펴보겠습니다. 런던의정서 제1조 4항은 투기에 관해 정의하면서 동 조 제2호를 통해 투기에 포함되지 않는 활동들을 규정하고 있습니다. 그리고 제2목은 '어떤 물질의 배치(placement)가 동 의정서의 목적에 반하지 않는 경우, 단순한 처분 목적 이외의 목적으로 물질을 배치하는 것'은 투기에 해당하지 않는다고 명시하였습니다. 즉, 어떤 물질의 배치가 (1) 단순한 처분 이외의 목적으로 (2) 런던의정서의 목적에 반하지 아니하여 행해졌다면, 이는 투기에 해당하지 않습니다.

해양시비 활동은 분명히 처분 이외의 목적으로 물질을 투입하는 것이기 때문에 투기에 해당하지 않는 행위로 간주될 수 있습니다.

그러나 동 조항은 단서에서 당해 활동이 '런던의정서의 목적에 반하지 아니하여야 한다'고 규정하였는데, 이때 런던의정서의 목적이란 해양오염의 방지를 지칭하는 것입니다. 그리고 동 의정서는 환경보호 원칙으로서 사전 방지 원칙을 채택하고 있습니다. 사전 방지 원칙이란, 환경에 부정적인 영향을 끼칠 가능성이 존재하면, 그에 관한 구체적인 인과 관계가 존재하지 않을지라도 당해 활동을 금지해야 한다는 것입니다.

그러나 해양시비 활동은 그로 인한 환경영향이 구체적으로 검증되지 않았고, 발표자가 지적한 바에 따르면 여러 가지 부정적인 결과들이 초래될 수 있기 때문에, 해양오염을 발생시킬 수 있는 가능성이 존재합니다. 따라서 동 활동은 런던의정서의 목적에 반하는 것이 될 수 있습니다.

결론적으로 저는, 해양시비 활동은 런던의정서 제1조 4항의 2호에 따른 배치 행위에 포함되지 않으며, 따라서 이는 런던의정서상 투기 행위를 구성한다고 생각합니다.

셋째로, 투기 가능한 물질에 관해 구체적으로 검토해 보겠습니다. 런던의정서는 부속서 1에서 투기를 고려할 수 있는 물질들을 열거하고 있습니다. 해양시비 활동을 통해 해양에 투입되는 물질들이 동 부속서의 물질들에 포함된다면, 이를 해양에 투기하는 것은 런던의정서의 관련 절차에 따라 가능하게 될 것입니다.

따라서 동 부속서의 물질들 중에서 제5호 불활성 무기 지질물질, 그리고 제7호 강철, 철, 콘크리트 재질의 대형 물체에 관해 검토해 보았습니다.
우선, 해양시비 관련 물질들이 불활성 무기 지질 물질에 해당되는지
에 관해서는 홍기훈 박사의 견해를 여쭈어보고 싶습니다.

• 홍기훈

해양시비 활동에서 해양에 투입되는 물질들은 일단 생물작용에 참여
를 하기 때문에, 이를 불활성 무기 지질물질에 포함시킬 수 없을 것
입니다.

• 김홍균

다음으로, 해양시비에 사용되는 철(Iron)이 강철, 철, 콘크리트 재질
의 대형 물체에 해당되는지를 검토하면, 앞서 발표자가 언급한 대로
이러한 물질들은 대형 물체에 해당되지 않습니다.
결론적으로 해양시비 관련 물질들은 부속서 1에 열거된 물질들에 포
함되지 않으며, 따라서 이를 해양에 투기할 수 없습니다.
지명 토론을 요약해서 정리하면, 해양 투기에 관한 국제법인 유엔해
양법협약과 런던의정서 등은 이산화탄소 지질 구조 격리 및 해양시
비를 규제하기 위해 충분한 규정을 마련하고 있지 않습니다. 따라서
관련 국제법들이 개정되지 않는다면 이러한 활동들을 관리하는 데
있어서 많은 논란이 야기될 수 있으며, 현행 국제법들을 어떻게 적용
할 것인지에 관해서도 여전히 많은 논의의 여지가 존재하고 있습니다.
그러므로 이러한 활동들을 국제적으로 어떻게 관리, 규제할 것인가
에 대한 논의를 차치하고, 어떠한 접근 방식이 우리나라에게 이익이
되는지를 먼저 따져 보아야 합니다. 그리하여 우리나라에게 유리한
방향으로 관련 논의들을 국제사회에서 주도해야 할 것입니다.
그리고 그에 대한 우리나라의 입장이 확정된다면, 필요한 경우 해양
환경관리법 등과 같은 국내법을 새로이 정비하거나 혹은 새로운 법
률을 제정해야 할 것입니다.

• 이 석 우

지정 토론을 해 주신 김홍균 교수에게 감사를 드립니다.

종합 토론을 진행하기에 앞서, 앞서 발표된 내용들과 그에 관한 질의들에 관해 간략하게 정리하도록 하겠습니다.

김정은 박사가 발표한 제1부의 첫 번째 주제인 이산화탄소 해저 지질 구조 격리 사업에 관해 김영석 교수는, 이산화탄소 반출 대상국의 범위, 그리고 당해 활동과 관련된 국제법상 국가책임 문제에 관해 말씀하셨습니다.

그리고 구민교 교수는 런던의정서 제6조의 개정이 결국 폐기물 수출 문제로 귀결되는 것으로서 또 다른 남북문제를 야기할 수 있고 장기적으로 후진국들에게 불리할 수 있다고 말씀하셨습니다. 구민교 교수는 또한, 런던의정서와 관련 상위 규범들과의 중첩 문제, 충돌 문제에 관해서도 지적을 하셨습니다.

지정 토론자 이외에도 다른 참석자들이 여러 가지 사항들을 언급하셨습니다. 이를 간략하게 정리해 보면, 주변 국가들이 이산화탄소 저장소를 공유(Sharing)하는 것이 이론적으로 가능하다고 할지라도 이를 실행하는 것은 현실적으로 관련 국가에게 부담이 될 수 있다는 의견이 있었으며, 특히 동북아시아의 경우 국가들 간에 해양 경계 획정, 관할 수역 중첩 문제 등이 해결되지 않았기 때문에, 이러한 문제들이 해결되기 전까지 이산화탄소 해저 지중 저장 문제에 관한 논의들을 동결하는 것이 바람직할 수 있다는 의견이 있었습니다.

다음으로 홍기훈 박사가 발표한 제1부의 두 번째 주제인 해양시비에 관해 한상운 박사는 온실 가스 저감을 위한 조치들이 경제적 효율성이 담보되는 방식으로 수행되어야 한다고 말씀하면서 해양시비의 경제적 효율성과 그에 대한 국내 연구 동향에 관해 질의하셨고, 또한 관련 국제협약들에서 해양시비 활동이 어떻게 다루어지고 있는지에 관해서도 질의하셨습니다. 그리고 한상운 박사도 마찬가지로, 동아시아 지역의 경우 해양 영토 분쟁이 존재하고 있기 때문에 해양 관련

분야들에 대한 주변 국가들이 협의가 활성화되어야 한다는 점을 지적하였습니다.

한편 박수진 박사는, 국제회의들에 참석한 경험에 비추어, 해양시비의 국제 규제 동향에 대한 동북아시아 3개 국가들의 입장이 구체적으로 어떠한지를 질의하고, 개발도상국들의 경우 이러한 사안들에 관해 국제적으로 법적 구속력이 있는 체제의 개발을 희망하고 있다는 것을 말씀하였습니다.

그리고 임상민 박사는 김정은 박사의 발표와 관련하여, 포집된 이산화탄소의 상업적 이용 가능 여부에 관해 말씀을 해 주셨습니다.

신창훈 박사가 발표한 제2부의 주제인 런던의정서 준수그룹 논의 동향에 관해 정진석 교수는, 국제법에서 당사국들의 협약 준수를 확보하는 것이 중요한데 이와 관련해 런던의정서에서 검토되고 있는 전자 보고 양식의 진척 상황에 관해 질의하였습니다. 또한 정진석 교수는 런던의정서의 보고 의무가 절차적 의무에 해당하기 때문에 그에 대한 제재가 용이하지 않다는 점을 지적하면서, 이러한 보고 의무를 강제하기 위해 런던의정서에서 어떠한 조치들을 강구하고 있는지에 관해 질의하였습니다.

김홍균 교수는 토론회 주제들에 관한 발표 내용들을 포괄적으로 정리하여 말씀하였습니다. 김홍균 교수는 우선, 이산화탄소 해저 지질구조 활동이나 해양시비 활동들에 관하여 이를 명시적으로 관리, 규제하기 위한 국제법이 존재하지 않는다는 점을 지적하면서 대표적으로 유엔해양법협약, 런던협약 및 의정서, 그리고 생물다양성협약들을 고찰하였습니다. 그리고 이러한 활동들을 효율적으로 규율하기 위해서는 관련 협약들이 개정되어야 할 것이라는 점을 지적하였습니다. 또한 김홍균 교수는, 이러한 활동들에 대한 국내 논의들이 국가이익을 극대화하는 방식으로 이루어지는 것이 바람직하다는 것을 말씀하였습니다.

지정 토론자들과 참석자들의 발표와 질의들에 관해서는 상기와 같이 정리하고, 다음으로 발표자들의 답변을 듣도록 하겠습니다.

• 김정은

김영석 교수가 첫 번째 사안으로서 말씀하신 반출 대상국의 범위와 관련해, 저도 김영석 교수와 마찬가지로 런던의정서 제6조에 의거하여 폐기물 및 기타 물질을 국외로 경우 이러한 반출 대상 국가에는 런던의정서 당사국과 비당사국이 모두 포함된다고 생각합니다. 그리고 런던의정서 제6조의 개정 내용을 상세하게 비교하면서 당해 조항의 '관련 국가들(the countries concerned)'이라는 구문의 해석에 관해 설명해 주신데 대하여 감사를 드립니다.

그리고 김영석 교수가 두 번째 사안으로 지적하신 국가 책임 문제에 관해서는, 환경 분야에서 추진되고 있는 국가 책임에 관한 논의 동향을 추가로 파악하여 참조하도록 하겠습니다. 발표 자료의 내용은 국가책임에 관한 협약 초안 및 관련 문서들을 검토하여 구성되었는데, 두 개 이상의 국가가 공유하는 이산화탄소 저장소에서의 피해 발생 등으로 인한 국가 책임 및 피해 보상 등에 관해서는 향후에 심도있게 연구하도록 하겠습니다.

다음으로 구민교 교수의 지적 사항들에 대해 말씀드리겠습니다. 구민교 교수는 이산화탄소 해저 지중 구조 저장 문제가 결국 선진국의 폐기물 수출(trach export)로 간주될 수 있고 그로 인해 남북 문제가 야기될 수 있다고 말씀하였습니다. 이에 대해서는 저도 동감하고 있습니다. 따라서 당해 활동에 대해 정치적 측면에서의 접근 및 논의, 그리고 국가들 간의 협의가 매우 필요하다고 생각합니다.

두 번째로, 구민교 교수는 기후변화협약의 탄소 배출권 거래(Carbon Emission Trading)에 관한 규정들이 런던의정서에 따른 이산화탄소 해저 지중 저장 활동에도 적용될 수 있는지에 관해 질의하였습니다. 이에 관해서는 해저 지질 구조에의 이산화탄소 저장이 탄소 배출권(carbon credit)을 획득할 수 있기 때문에 국제적으로 논의되는 것이라고 사료됩니다. 한편, 앞서 김홍균 교수도 언급을 하였는데, 런던 의정서에서 논의되고 있는 이산화탄소 해저 지중 구조 저장과 생물 다양성협약에서 논의되고 있는 이산화탄소의 흡수원(Sink)은 서로 차이점이 있습니다. 즉, 두 개의 조약들에서 각각 논의되고 있는 이산화탄소의 저장법이 다릅니다. 왜냐하면 생물다양성협약에서 규정하고 있는 이산화탄소의 저장법은 해수의 밀도 차이를 이용하여 이산화탄소를 심해저에 저장시키는 것이기 때문입니다.

• 김 홍 균

1997년 교토의정서 제3조 3항을 살펴보면, '인위적, 직접적인 토지 이용 변화와 임업 활동에 의한 흡수원(sinks resulting from direct human-induced land-use change and forestry activities)'에 관해 명시하고, 흡수원들(sink)을 1990년 이후의 신규 조림, 재조림, 그리고 산림 전용(afforestation, reforestation and deforestation)에 국한하고 있습니다.

그러나 앞서 말씀드린 바와 같이, 당해 조문을 어떻게 해석하느냐에 따라 이산화탄소 해저 지질 구조 활동이 이러한 흡수원에 포함될 수도 있고 혹은 포함되지 않을 수도 있을 것입니다. 저는 현행 국제법 하에서는 동 조항을 소극적으로 해석해야 한다고 생각하며, 따라서 이를 흡수원에 포함시키기 위해서는 향후 관련 국제법들이 개정될 필요가 있다고 생각합니다.

• 김 정 은

해양 흡수원들에 관해서는 과학적으로 검증되지 않은 부분들이 많기 때문에 이러한 활동을 금지하려는 국제적인 경향이 있습니다. 한편, 이산화탄소를 해저에 지중 저장하는 것은 이에 비해 위험하지 않기 때문에 런던의정서에서 이를 안전하게 관리, 규제하려고 검토하고 있습니다.

구민교 교수가 두 번째로 지적한 런던의정서와 관련 상위 규범들과의 충돌 문제, 그리고 이와 관련한 동북아시아의 적용 문제에 관해 말씀드리겠습니다.

이러한 측면들에 관해서는 2010년 4월 초에 출판된 논문을 통해 제가 다룬 적이 있습니다. 당해 논문은 이산화탄소의 해저 지중 구조 저장과 관련해서 연안국이 어떤 권한 및 권리를 가지고 있는지를 다루기도 하였습니다.

그리고 발표 자료에서 유럽연합 지침(Directive) 제24조의 규정을 소개하였는데, 동 조항은 이산화탄소 저장소가 두 개 이상의 국가에 위치해 있는 경우 지중 저장으로 환경 문제가 발생하지 않도록 관련 국가들이 협력해야 한다고 명시하고 있습니다. 따라서 한국과 일본, 중국의 경우에도 유럽연합의 경우와 유사한 협력 가능성이 존재할 수 있다고 생각합니다.

물론 동북아시아에서 해양 경계 획정 등의 문제들이 상존하고 있습니다. 그러나 그렇다고 해서 당해 활동에 관한 논의를 동결시키는 것보다는, 이를 공동으로 규제, 관리하기 위한 협력을 모색하는 것이 바람직하다고 생각합니다.

이상으로 질의들에 대한 답변을 마치겠습니다.


• 이석우

계속하여 주제 발표에 관한 질의들에 대해 발표자들의 답변을 듣고, 그 다음에 추가 시간을 이용하여 기타 토론 및 추가 질의를 하도록 하겠습니다.

다음으로 홍기훈 박사가 발표해 주시기 바랍니다.


• 홍기훈

지정 토론과 질의들에 대해 감사드립니다.

한상운 박사의 지정 토론 중에서 우선 해양시비의 경제적 효율성에 관해 답변하겠습니다.

해양시비 활동이 경제적 효율성을 확보하기 위해서는 해양식물이 이산화탄소를 흡수하여 심해로 가라앉아야 합니다. 그러나 지구 전체의 해수 순환의 측면에서는 해수가 가라앉아 다시 표층으로 올라오는데 천년의 시간이 소요되지만, 국지적으로는 해수 순환의 주기가 오래 걸리지 않기도 합니다. 예를 들어, 동해에서 수질이 혼합되는데 걸리는 시간은 100년입니다. 즉, 100년이 경과하면 해저로 가라앉았던 해수가 다시 표층으로 올라옵니다. 게다가 대륙붕이 발달해 있는 황해, 동중국해, 남해의 경우에는 해역에 따라 5년이나 10년의 해수 순환 주기를 가지고 있습니다.

한편, 해양에 대규모로 비료를 살포해야 총 기초생산자의 10%가 100미터 이하 수심으로 가라앉습니다. 그리고 그 중에서 약 0.6% 정도가 해저에 도달하며, 이러한 과정은 수개월에서 수년이 걸립니다.

따라서 해양시비를 학문적으로 연구하려는 접근 이외에, 이를 상업적으로 이용하려는 경우에는 적도태평양이나 남빙양 등과 같은 적합한 후보지들에서 대규모 시비를 수행해야만 효율적입니다. 그러므로 해양시비 활동의 경우 이를 상업적으로 허용하는 것에 대해서는 국제적으로 이견이 많고, 과학 연구 목적의 활동에 한해서만 허용하기 위해 체제들이 개발, 검토되고 있습니다. 또한, 해양시비 활동은 1997년 교토의정서에서 의무탄소 시장(Compliance Carbon Market)에 등록되어 있지 않기 때문에 이를 자발적 탄소 시장(Voluntary Carbon Market)에서 어떻게 인정해 줄 것인지에 대해서도 명확하게 결정되지 않았습니다.

그리고 해양시비를 통해 이산화탄소를 격리, 저감하였다면, 그에 대해 어떤 주체가 탄소배출권(Carbon Credit)을 획득하는지에 관해서도 추가로 국제적인 논의가 필요합니다.

다음으로 박수진 박사의 질의에 대해 답변하겠습니다. 우리나라와 일본, 중국의 경우 해양시비 활동을 위해 적합한 해역이 주변에 존재하지 않습니다. 이들 국가들이 해양시비를 하기 위해서는 연안으로 부터 떨어진 먼 해역까지 나가야 하기 때문에, 우리나라와 일본, 중국은 해양시비 활동의 허용 여부에 관해 기본적으로 보수적인 입장을 취하고 있습니다.

그러나 일본 수산청은 해양시비 사안과 관련하여 자국의 수산업 (fisheries)을 보호하기 위한 대책들을 고심하고 있습니다. 따라서 당사국회의에서 일본은 해양시비 사안들에 대한 논의에서 자국의 입장을 여러 차례 표명하기도 하였습니다.

한편, 앞서 말씀드린 바와 같이, 그리고 김홍균 교수가 지적한 바와같이, 본래 런던의정서는 투기만을 규제하고 배치(placement) 행위를 관리, 규제하기 위한 규정들을 포함하고 있지 않습니다. 그런데 의정서 당사국들이 2008년 결의를 통해 해양시비를 배치 행위라고 규정하였기 때문에, 이러한 배치 행위를 어떻게 관리할 것인지가 문제가 됩니다. 그리고 이에 관해 법적 구속력이 있는 체제를 채택할 것인지에 대하여 당사국들이 입장이 대립하고 있습니다. 즉, 일부 국가들은 법적 구속력이 없는 결의를 통해서도 당해 활동을 충분히 규율할 수 있다고 여기고 있습니다. 따라서 앞서 말씀드린 바와 같이 동 사안에 관해 차후에 작업반 회의를 통해 검토하기로 되어 있습니다.

다음으로 한상운 박사가 질의한 생물다양성협약에서의 해양시비 활동 논의에 관해 말씀드리겠습니다.

현재 생물다양성협약에서는, 앞서 말씀드린 바와 같이, 이산화탄소 포집 및 격리 사업을 제외한 모든 지구 공학 관련 활동들을 금지하기로 하였습니다. 이산화탄소 포집 및 격리 사업이 동 협약에서 제외된 것은 당해 사업에 관련된 국가들이 매우 많아서 이들 국가들이 그에 대한 제한을 반대하였기 때문입니다. 또한 동 사업은 이미 육상에서 여러 차례 연구 및 시행되었기 때문에 그에 대한 특성 규명이 어느 정도 완료되었습니다.

한편 생물다양성협약은 본래 해양시비에 관해서만 논의해 왔으나, 2010년 나고야 회의에서부터 논의 대상을 모든 지구 공학 관련 활동들로 확대, 강화하였습니다.

이상으로 지정 토론들에 대한 답변을 마치겠습니다.

• 이석우

마지막으로 신창훈 박사가 지정 토론 및 기타 질의들에 대해 발표하겠습니다.

• 신창훈

감사합니다. 정진석 교수가 지정 토론을 통해 질의한 두 가지 사항들에 대해 답변을 드리겠습니다.

준수그룹 활동에 있어서 정보 수집이 중요하다는 정진석 교수의 의견에 동감합니다. 준수(Compliance)라는 개념을 논의할 때 가장 중요한 사항으로 정보 수집 문제, 수집된 정보의 검증(verification) 문제, 그리고 검증 후에 발생하는 문제들에 대해 제재 문제가 있습니다. 이때 준수그룹은 마지막의 제재 문제에 관해서는 별도의 접근이 필요한 것으로 파악하고 정보 수집 및 검증의 문제들에 초점을 맞추고 있습니다.

그 중에서 정보 수집과 관련하여, 당사국들의 보고 의무 준수를 제고시키기 위해 전자 보고 방식(E-Reporting System)이 어떻게 개발되고 있는지에 관해 말씀드리겠습니다.

이에 관해서는 이미 일본의 준수위원이 보고서를 제출하였고, 준수그룹은 당해 보고서를 회기간 작업을 통해 검토하기로 결정하였습니다. 그리고 한편으로, 벨기에의 주도로 새로운 전자 보고 방식이 개발되고 있으며, 현재까지 개발된 전자 보고 방식들에 관한 자료들이 준수위원들에게 배부되었습니다. 이에 따라 준수위원들은 2011년 1월까지 그에 대한 검토를 완료하여 보고할 계획입니다. 따라서 향후 런던의정서에서 전자 보고 방식은 개선, 발전될 것이라고 사료됩니다.

한편, 이러한 전자 보고 양식은 런던의정서에 따른 당사국들의 모든 보고 의무들에 관해 확립되어 있지는 않습니다. 즉, 허가 발급에 관련된 사항에 관해서만 전자 보고 양식이 마련되어 있습니다.

그런데 런던협약 및 의정서의 당사국들이 모두 해양 투기를 하는 것이 아니고, 일부 국가들은 해양 투기를 하지 않습니다. 따라서 해양 투기를 하지 않는 국가들은 허가 발급에 관한 보고의무를 제대로 이행하지 않는 경향이 있습니다.

이에 따라 준수그룹은 당사국들에게 해양 투기 허가를 발급하지 않았다는 NIL 보고서를 제출하도록 권고하기도 하였습니다.

그리고 준수그룹은 향후에도 당사국들의 보고 의무와 관련된 사안들을 지속적으로 검토할 계획입니다.

다음으로 정진석 교수가 질의한 법적 사안으로서, 런던의정서 보고 의무 위반에 대한 제재에 관해 말씀드리겠습니다.

이는 두 가지 측면들을 살펴보아야 합니다. 첫째로, 국가책임에 관한 런던의정서의 규정을 검토해 보면, 동 의정서 제15조는 '다른 국가의 환경 또는 다른 환경 분야에 미치는 손해에 대한 국가책임에 관한 국제법의 원칙에 따라 당사국은 폐기물 및 기타 물질의 해양 투기 혹은 해상 소각에 관한 책임에 관한 배상 절차를 개발한다'고 규정하고 있습니다.

런던의정서는 국가 책임에 관한 배상 절차에 관해서 별도로 규정하고 있지 않기 때문에, 어떤 국가의 행위로 인해 다른 국가에 피해가 발생한 경우 당해 사안은 국제법의 일반 원칙에 따라 규율됩니다.

환경 피해에 대한 국가책임에 관한 국제법의 일반 원칙은 대부분 국가와 국가 간의 절차적 의무들에 관한 것입니다. 즉, 이러한 절차적 의무들에는, 위험의 사전 통보 의무, 국경에서 이루어지는 위험한 행위에 대한 환경영향 평가 의무, 상호 협의 의무 등이 포함됩니다. 따라서 이러한 절차 의무 위반에 대해서도 가해 국가는 피해 국가에게 피해 배상을 해야 하는 규범들이 형성되어 있습니다.

둘째로, 보고 의무 등과 같은 단순 의무 위반의 경우 그에 관한 책임의 범위가 어떠한지에 관해서는 아직 국제적으로 합의된 바가 없습니다.

따라서 이러한 보고 의무를 강제하기 위하여 국제기구들이 다른 방식의 제재 방안을 검토해야 할 것입니다. 예를 들어 당사국회의는, 당해 국제기구의 근간이 되는 협약상 의무를 위반하거나 보고 의무를 위반한 국가에 대해 투표권을 제한하는 방안 등을 검토할 수도 있습니다. 그리고 이러한 사안에 관해서는 준수그룹도 검토하여 당사국회의에 권고할 수 있으리라 생각합니다.

마지막으로, 김홍균 교수의 지정 토론에 관해 말씀드리겠습니다.

김홍균 교수가 지적한 바와 같이, 이산화탄소 해저 지질 구조 저장과 해양시비에 관한 유엔해양법협약이나 런던의정서의 해석에 있어서 여러 가지 논란이 존재하고 있습니다.

이러한 국제법, 즉 협약의 해석 문제는 대체로 3단계를 통해 해소됩니다. 첫째로, 단기적인 방법으로서 당사국회의에서 해석적 선언을 통해 이를 해결하는 방법이 있고, 둘째로, 중기적인 방법으로서 협약의 조문을 개정하여 이를 해결하는 방법이 있습니다. 그리고 마지막으로, 장기적인 방법으로서 새로운 협약, 규범을 도입, 체결하는 방법이 있습니다.

현재 이산화탄소 해저 지질 구조 저장 문제와 해양시비 문제는, 상기의 협약 해석 단계 중에서 협약 조문의 개정 단계와 새로운 규범의 체결 단계의 사이에 놓여있다고 생각합니다. 왜냐하면, 상황의 변화 및 기술의 발전 등을 고려하여 협약을 자주 개정하다 보면, 당해 협약이 한계에 도달할 수 있기 때문입니다. 따라서 장기적인 측면에서 상기 활동들에 관한 새로운 규범을 체결하는 것이 바람직할 수 있습니다.

그러나 새로운 규범을 체결하는 경우, 국제법의 분열 현상이 발생할 수 있습니다. 국제법의 분열 현상이란, 어떤 사안을 하나의 협약을 통해 포괄적으로 다루지 못하고 다른 협약들이 서로 개입하게 되는 것을 지칭합니다. 예를 들어, 유엔해양법협약, 생물다양성협약, 그리고 런던의정서도 모든 사안을 포괄적으로 다루지 못하고 상호 개입하여 국제법의 분열 현상이 발생하고 있습니다. 그러나 이러한 경우들을 어떻게 해결할 것인지에 관해서는 특별히 논의가 이루어지지 않고 있습니다. 그러므로 새로운 규범을 통해 상기 활동들을 관리, 규제하는 것이 반드시 바람직하지만은 않습니다.

또한, 어떤 협약이 특정 사안에 대해 적절한 포럼이 아니므로 당해 사안을 이를 통해 다룰 수 없다는 방식은, 새로운 포럼을 창설해야 하는 부담을 야기하게 됩니다. 왜냐하면 새로운 포럼의 창설은 시간적, 경제적으로 많은 노력이 필요하기 때문입니다.

따라서 런던의정서가 투기, 배치(placement), 처분(disposal) 등의 활동을 모두 다루고 있으므로, 이산화탄소 해저 지질 구조 격리 및 해양시비에 관한 논의의 출발점이 런던의정서가 되어야 한다는 데 대해서는 의문의 여지가 없을 것으로 사료됩니다. 즉, 런던의정서에서 상기 활동들을 충분히 다루지 못하는 경우에는 협약들 간의 협의를 통해 이를 해결하는 것이 바람직할 것입니다.

결론적으로, 어떤 사안에 관해 특정 포럼이 이를 충분히 다룰 수 없다고 하여 당해 포럼이 적절한 포럼이 될 수 없다는 접근 방식을 따르면, 이러한 세계적 사안(global issue)에 대해 어떠한 해결책도 모색할 수 없습니다. 따라서 이산화탄소 해저 지질 구조 격리와 해양시비에 관한 사안들이 현재 런던의정서에서 논의되고 있는 것은 상당히 시의 적절하고 시사성을 가진다고 생각합니다.

이상으로 지정 토론 및 질의에 대한 답변을 마치겠습니다.

• 이석우

이상으로 토론회의 공식적인 일정을 마치도록 하겠습니다.

추가로 논의할 사항이나 질의들은 만찬을 하면서 토론해 주시기 바랍니다. 감사합니다.

| 색 인 |

## :: 편자 및 필자 소개

## 편자

### ❖ 홍기훈(Gi Hoon Hong)

· 현 | 한국해양연구원 · 연합과학기술대학원 교수
　　런던의정서과학그룹회의 의장
　　미국 알래스카 주립대학교 이학박사 (환경화학)

· 저서 및 논문 |
　『해양환경영향평가개론: 폐기물 및 기타물질 최종처분과 해양환경관
　　리』(서울: 시그마 프레스, 2000)
　『런던협약의 이해: 국가 폐기물 및 기타 물질의 최종처분 관리 정책 자
　　료집』(서울: 범신사, 2003)
　『다자간환경협정의 준수: 런던의정서를 중심으로』, 홍기훈 · 백진현 공
　　편 (서울: 정인아이앤디, 2006)
　『런던의정서 준수를 위한 국제동향분석』, 홍기훈 편저 (서울: 정인아
　　이앤디, 2009)
　『시장의 진실: 왜 일부 국가만 부유하고 나머지 국가는 가난한가』, 존
　　케이 저, 홍기훈 역 (서울: 에코리브르, 2008)

## 필자

### ❖ 김정은(Jung-Eun Kim)

· 현 | 한국해양연구원 박사 후 연수연구원

영국 카디프대학교 법학박사(국제법)

로드아일랜드 대학교 Marine Affairs 석사

· 저서 및 논문 |

『영국 해양관리 기구』(한국해양수산개발원, 2011)

"해양환경분야 국제협약의 실행에 대한 자치적 이행조직의 역할에 관한 연구," 『대한국제법학회』 제55권 2호(2010)

"한반도 주변수역에서의 이산화탄소 해저지중 저장에 대한 국제법적 규제에 관한 소고," 『2009 지해해양학술상 수상집』(한국해양수산개발원, 2010)

### ❖ 박수진(Su Jin Park)

· 현 | 한국해양수산개발원 부연구위원

경희대학교 법학박사(국제법)

· 저서 및 논문 |

『해양유전자원의 접근 및 이익공유에 관한 국가대응방안연구』(2008)

『한국해양수산개발원 해양환경부문 기후변화정책의 개선방안 연구』(한국해양수산개발원, 2010)

❖ 신창훈(Chang-Hoon Shin)

· 현 | 아산정책연구원 연구위원

　　　런던의정서 준수그룹 위원

　　　영국 옥스퍼드대학교 법학박사 (국제법)

· 저서 및 논문 |

　"동북아시아 해저케이블의 보호, 유지 및 수리문제와 관련한 국제법

　　　및 국내법 동향" (2009)

　"해양경계획정, 분쟁수역관리 및 해양자원개발에 대한 주요 해양국가

　　　의 법과 제도" (2009)

해로연구총서 ②

## 기후지구공학적 사업의 관리 규범 제정에 관한 국제 동향
런던의정서를 중심으로

인 쇄 | 2011년 6월 15일
발 행 | 2011년 6월 22일
엮은이 | 홍기훈
발행인 | 부성옥
발행처 | 도서출판 오름
등록번호 | 제2-1548호 (1993. 5. 11)
주　소 | 서울특별시 서초구 서초동 1420-6
전　화 | (02)585-9122, 9123　　팩 스 | (02)584-7952
E-mail | oruem@oruem.co.kr
URL | http://www.oruem.co.kr

ISBN　978-89-7778-356-0　93340　정가　14,000원

※잘못된 책은 교환해 드립니다.